Cou

Por: Mr. Food®

Comida Rápida y Fácil para Personas con Diabetes

Más de 150 recetas que a todos les encantarán

SEGUNDA EDICIÓN

Por

Art Ginsburg
Mr. Food

*Con la participación de
la vocera de la ADA*

Nicole Johnson
Miss America 1999

American Diabetes Association®

Director de Publicación de Libros de ADA, Robert Anthony; *Editor en Jefe de ADA,* Abe Ogden; *Editor de Mr. Food*, Caryl Ginsburg Fantel; *Editora de ADA*, Laurie Guffey; *Directora de Producción*, Melissa Sprott; *Diseño de Portada y Páginas*, Joe Peppi; *Composición*, ADA; *Estilización de Comida*, Linda Osborne del Cole Riggs Studio, Patty Rosenthal y Dave Tinsch; *Análisis de Nutrientes*, Nutritional Computing Consultants, Inc.; *Impresora*, Transcontinental Printing.

Impreso en Canadá

1 3 5 7 9 10 8 6 4 2

Las sugerencias e informaciones contenidas en esta publicación en general están de acuerdo con las recomendaciones de la práctica clínica y otras pautas de la American Diabetes Association, pero no representan las pautas u opiniones de esta organización ni de Art Ginsburg, Ginsburg Enterprises Inc., Nicole Johnson, Nicole Johnson, Inc., o cualquiera de sus directores o comités. Se han tomado medidas razonables para asegurar la veracidad de la información presentada. Sin embargo, la American Diabetes Association no puede garantizar la seguridad o eficacia de ninguno de los productos. Aconsejamos que las personas consulten a su médico u otro profesional de la salud antes de empezar cualquier programa de dieta o ejercicio o de tomar los medicamentos que se mencionan en esta publicación. Antes de recetar dietas, ejercicios o medicinas, los profesionales de la salud deben utilizar y aplicar sus propios juicios profesionales, experiencias y estudios y no deben depender únicamente de la información contenida en esta publicación. La American Diabetes Association, Art Ginsburg, Ginsburg Enterprises Inc., Nicole Johnson, Nicole Johnson Inc., y sus representantes, directores, empleados, miembros y voluntarios no asumen ninguna responsabilidad u obligación por accidentes personales o de otro tipo, ni por pérdidas o daños que puedan resultar de las sugerencias o informaciones contenidas en esta publicación.

⊗ El papel utilizado en esta impresión cumple los requisitos de la sección Z39.48-1992 de ANSI (permanencia del papel).

Los libros de la ADA pueden ser comprados para uso comercial o promocional o para ventas especiales. Para comprar este libro en cantidades grandes, o para obtener ediciones de encargo de este libro con su logo, póngase en contacto con Lee Romano Sequeira, Special Sales & Promotions, en la dirección dada abajo o a *Lromano@diabetes.org* o al 703-299-2046

American Diabetes Association
1701 North Beauregard Street
Alexandria, VA 22311

Departamento de Catálogo y Publicación de Datos de la Biblioteca del Congreso

Ginsburg, Art.
  [Mr. Food's quick & easy diabetic cooking. Spanish]
  Mr. Food's cocina rápida y fácil para personas con diabetes / Art Ginsburg. -- 2a. ed.
    p. cm.
  Includes index.
  ISBN 978-1-58040-262-0 (alk. paper)
  1. Diabetes--Diet therapy--Recipes. 2. Quick and easy cookery. I. Title. II. Title: Mister Food's cocina rápida y fácil para personas con diabetes. III. Title: Mr. Food's cocina rápida y fácil para personas con diabetes. IV. Title: Cocina rápida y fácil para personas con diabetes.

  RC662.G5518 2007
  641.5'6314--dc22

                    2007019856

*Dedicado a todos aquellos que diariamente confrontan el reto
contra la diabetes y a muchos otros que han dedicado
sus esfuerzos para ganar la batalla contra esta
enfermedad que afecta a tantas personas.*

Contenido

Preámbulo

Nicole Johnson
Miss America 1999

Comer en una forma saludable es imprescindible para una persona con diabetes. Existe una gran cantidad de alimentos, pero ¿dónde empieza uno y qué debe hacer la persona ocupada? Este libro es la respuesta a todas estas preguntas.

Cuando el Sr. Food y yo por primera vez nos conocimos, yo le comenté lo frustrante que era para mí preparar comidas ricas y rápidas para aquellos que sufrimos de diabetes. De allí nació la idea para este libro. Por ello, el Sr. Food y yo nos hemos unido para traerles algunas de las mejores recetas que existen para personas con diabetes. Y todas las recetas son rápidas y fáciles de preparar.

Durante mi reinado como Miss America en 1999, tuve la oportunidad de hablar con muchas personas en todo el mundo sobre lo que es la diabetes y la forma de encontrar ayuda para diagnosticar, tratar y prevenir esta enfermedad. Es para mí un gran placer y honor compartir mis experiencias con todos. Sin embargo, ha sido el desafío más grande de mi vida. Hoy sigo viajando por todo el mundo y he visitado muchos países con el fin de crear más conciencia y de compartir lo que he aprendido sobre la diabetes. Esta es la verdadera razón por la cual colaboré con este libro. Necesitamos seguir buscando avenidas en las cuales podamos intercambiar información para educar al público en general sobre esta enfermedad tan crítica.

La diabetes afecta a muchísimas personas, es peligrosa y a veces devastadora. Sin embargo, con un manejo adecuado, específicamente una dieta adecuada, muchas de las complicaciones se pueden prevenir o por lo menos retrasar. Estas complicaciones incluyen, desde enfermedades cardiacas hasta derrames cerebrales, ceguera y aun fallos renales. Algún día nosotros encontraremos la cura para esta enfermedad, pero hasta entonces, este libro está diseñado para servirnos de guía en nuestro diario vivir. Nuestra práctica de los principios contenidos en este libro, como personas con diabetes, ejemplariza nuestro compromiso por mejorar nuestra salud.

Uno de los más grandes obstáculos en nuestro cuidado diario es encontrar el tiempo para comer debidamente. ¿Cómo puede una persona profesional ocupada o una madre apurada preparar alimentos apetecibles a la vista y al paladar? El Sr. Food ha continuado haciendo lo que él hace tan bien: presentando recetas que son rápidas, fáciles y preparadas con ingredientes accesibles. Para una persona como yo, como muchos de nosotros, ¡esta combinación es una bendición!

Más allá de la preparación de las comidas, temas tales como porciones y cómo leer y entender las etiquetas de información nutricional son también elementos clave para la persona que vive con diabetes o que prepara las comidas para personas con diabetes. Estos problemas también se comentan aquí dentro.

Los exhorto a que hagan todo lo posible por controlar su diabetes por el resto de sus vidas. No será fácil. Quizás en algún momento quieran darse por vencidos, pero deben pensar que durante las adversidades es cuando nuestra alma se torna fuerte, nuestra visión se aclara, nuestra ambición es inspirada y se logra la meta deseada. Yo creo que cualquier cosa es posible, incluyendo una vida libre de complicaciones por diabetes. Si necesitan en cualquier momento más información o una palabra alentadora, no dejen de visitar mi sitio web en *www.nicolejohnson.com*; allí podrán enviarme un correo electrónico.

¡Gocen de este libro! Ruego que sean benditos con la información que aquí se incluye y que por ello el manejo de su diabetes se convierta en algo un poco más fácil que requiera menos esfuerzo.

Nicole Johnson

Nicole Johnson
Miss America 1999, autora y promotora de la salud

Prólogo

Art Ginsburg
Mr. Food

Cuando se publicó la edición original de este libro en 2001, no podría haber sabido el impacto que tendría. Había recibido tantos pedidos de rectas que se podrían incluir en planes de comidas para diabéticos que, cuando este libro finalmente se publicó, se convirtió prácticamente en una biblia de alimentos para muchos de aquellos con diabetes.

Con los recursos extensivos de la Asociación Americana de Diabetes ("ADA" en inglés), la experiencia y el conocimiento de la materia por parte de Nicole Johnson, y mi enfoque en la cocina rápida, creamos un libro motivacional que resulta realmente útil para las personas con diabetes.

Y ahora que la ADA ha revisado sus pautas nutricionales y las alineó con otros planes de comidas que son bajas en grasa y saludables para el corazón, decidimos revisar estas recetas y publicar una segunda edición. Si esto significa que ayudará más a las personas que viven con diabetes, entonces estoy totalmente a favor.

Al igual que con mi edición anterior, estas recetas agregarán variedad y sabor a un plan de comidas para diabéticos, de modo que no tengas que sufrir con las mismas y aburridas "recetas de siempre" para diabéticos. Tú puedes disfrutar platos que son sabrosos y por supuesto también son rápidos de preparar.

Las más de 150 recetas buenas de este libro fueron todas estudiadas, probadas y reprobadas hasta que yo personalmente estuviese satisfecho. Cuando sirvo una receta a otros y la respuesta es, "¿Esto es para un libro de cocina para personas que sufren de diabetes? ¡No puede ser! ¡Es tan bueno!" o "¡Yo creía que las personas que sufren de diabetes no pueden comer postres!", es entonces que sé que tengo una receta ganadora.

He aprendido tanto sobre la diabetes desde que comencé a trabajar en este libro. Lo que más me sorprende, y lo que va a hacerte completamente feliz, es que tú, una persona con diabetes, puedes comer casi todos los alimentos que te encantan. El plan de comidas para diabéticos ya no está solamente centrado en ensaladas o comidas sencillas; ahora incluye platos que hacen agua la boca, y hasta postres deleitables. ¿Dónde está el secreto? Se encuentra en la moderación, en la forma en que preparas tus comidas y en el tamaño de las porciones. Acostúmbrate a usar la palabra moderación, porque es vital para una vida más saludable y lo verás repetido muchas veces en este libro.

El secreto de comer bien realmente empieza en el supermercado, con las etiquetas de información nutricional. En la página 3 explico lo que signfican todos esos números en las etiquetas de información nutricional. Y después de decidir qué vas a comer, recuerda enfocarte en controlar las porciones. Mis "Consejos sobre Porciones" en la página 8 te informarán al respecto. Cuando planees tus comidas y bocadillos con tu dietista, pregúntale cómo puedes incluir porciones de tus platos o postres favoritos. Tu dietista puede enseñarte cómo hacer ajustes en otras partes de su plan de comidas o cómo cambiar tu programa de ejercicios.

No quiero que pienses que este libro contestará todas tus preguntas sobre lo que puedes comer, pero mis recetas sí pueden lograr que las comidas sean mucho más fáciles y placenteras. Además, he salpicado libremente el libro con consejos sobre todo, desde cómo añadir brío a las comidas a cómo mantener un cuerpo sano. Para obtener más recetas agradables, visita mi sitio web en *www.mrfood.com.*

Con toda esta información provechosa y estas recetas sabrosas, deberías poder ganar control sobre cómo y qué comer. Además de esto, ¡es necesario hacer ejercicios! Solamente porque comas bien no quiere decir que puedes dejar de hacer ejercicios regularmente.

Puede tomar algún tiempo para desarrollar buenos hábitos de alimentación y realizar cambios en tu estilo de vida. ¡Sé paciente y no dejes de pensar en estas recomendaciones cuando salgas a comer afuera! Una vez más, revisa los "Consejos sobre Porciones" (página 8) para saber algunas sugerencias sensibles, continúa pensando en la "moderación" y estarás bien.

Yo sé que estarás sorprendido con lo que contiene este libro y que, con todo esto, podrás sorprender también a tus amigos. Haz de estas recetas tus recetas. Como siempre, si tienes alguna duda sobre tu plan de comidas, consulta a un médico o dietista.

Ya sea que estés preparando estas recetas saludables para ti mismo o para otra persona, cocinar es la mejor manera de compartir nuestro amor, y ese es el verdadero significado de…

"OOH IT'S SO GOOD!!®"

Reconocimiento

¡BUENO! Lo dije en la primera edición de este libro, y debo repetirlo: la respuesta que la Asociación Americana de Diabetes ("ADA" en inglés), Nicole Johnson y yo hemos recibido de este libro ha sido simplemente increíble. Y debo agradecer a muchas personas por este éxito.

Primero está Nicole Johnson. La idea de este libro comenzó con nuestro encuentro casual durante el reinado de Nicole como Miss America 1999. Yo había estado recibiendo pedidos de recetas de personas con diabetes, así que cuando Nicole me contó todos los desafíos personales que la diabetes había representado para ella, supimos que juntos podríamos marcar una diferencia. Estábamos decididos a crear recetas sabrosas y rápidas que ella, y prácticamente cualquier persona con diabetes, pudiera incorporar a su plan de comidas para controlar la diabetes.

Con la ayuda de la ADA lo logramos, y ahora, siete años más tarde, lo estamos haciendo nuevamente. Pero esta vez, mi equipo y yo hemos revisado las recetas de modo que cumplan con las pautas nutricionales actualizadas de la ADA.

Deseo agradecer a Rob Anthony, Director de Publicación de Libros, por su apoyo de este proyecto, y Abe Ogden, Editor en Jefe, por su perspicacia y guía en la coordinación de todo para la ADA. Agradezco el estupendo trabajo editorial realizado por Laurie Guffey en nuestra edición original, así como también el realizado por Rebecca Lanning, nuestra editora para esta edición. Gracias a todos por su dedicada atención al detalle.

Una vez más, le debo tanto a mi hija y editora Caryl Ginsburg Mantel, quien supervisa todos mis proyectos impresos; y a Howard Rosenthal por su constante aporte creativo.

Por supuesto, debo expresar mi sincero agradecimiento a Joe Peppi, mi supervisor de la cocina de prueba, y a Patty Rosenthal y Kirsten Schneider por su excelente trabajo en el desarrollo de recetas. Partiendo de las recetas de mi edición original ustedes dos las han hecho aun mejor con sus aportes.

Gracias también a los demás miembros de mi equipo de gerencia y administración. ¡No podría haber hecho todo esto sin ustedes!

Quiero expresar mi agradecimiento una vez más a John Swanston por su ayuda en representación de Nicole. Y, finalmente, un gran agradecimiento a mi familia por su ayuda constante, y a ustedes mis admiradores por impulsarme a crear este libro en primer lugar. Admiro su coraje y sinceramente aprecio su lealtad. ¡Juntos podemos continuar haciendo milagros!

Introducción

Yo no soy doctor ni dietista, pero durante el proceso de compilar este libro de cocina, aprendí muchas cosas sobre la diabetes, tanto de los profesionales como de personas que tienen que lidiar diariamente con las dificultades de la diabetes. Yo he compilado alguna información básica que necesitarás sobre términos de alimentos y etiquetas en paquetes. También he compilado algunas de las preguntas más comunes sobre diabetes, junto con las respuestas generales a éstas. También encontrarás consejos sobre las porciones correctas; intercambios perfectos; la forma de utilizar el azúcar, los endulzantes artificiales y el sodio; y una nota sobre alimentos empaquetados. Pero para obtener más detalles sobre todo esto, consulta a un profesional de la salud.

Información sobre los Términos y Etiquetas de Paquetes

Muchas etiquetas de alimentos en los supermercados utilizan términos que pueden ser confusos. Para ayudarte a comprar y comer mejor, se incluye a continuación una lista de los términos más comunes con las definiciones de la Administración de Fármacos y Alimentos ("FDA" en inglés).

Azúcar

Sin Azúcar: Menos de 0.5 gramos de azúcar por porción. ("Sugar Free")
No Se Ha Agregado Azúcar, Sin Azúcar Adicional, No Se Ha Añadido Azúcar: Esto no significa lo mismo que "sin azúcar". Una etiqueta que contiene estas palabras indica que no se ha añadido azúcar durante el proceso, o que el proceso no aumenta el contenido de azúcar sobre la cantidad que incluye el ingrediente en su forma natural. Consulta la información nutricional en el paquete para ver la cantidad total de azúcar que contiene el producto. ("No Sugar Added", "Without Added Sugar", "No Sugar Added")
Azúcar Reducida: Por lo menos 25% menos contenido de azúcar por porción que el del producto en su forma regular. ("Reduced Sugar")

Calorías

Sin Calorías: Menos de 5 calorías por porción. ("Calorie Free")
Bajo en Calorías: 40 calorías o menos por porción. Si las porciones son más pequeñas que 30 gramos, o más pequeñas que 2 cucharadas, esto significa que tienen 40 calorías o menos por 50 gramos de comida. ("Low Calorie")
Calorías Reducidas, Menor Cantidad de Calorías: Por lo menos 25% menos calorías por porción que el mismo producto en su forma regular. ("Reduced Calorie", "Fewer Calories")

Grasa

Sin Grasa, Nada de Grasa: Menos de 0.5 gramos de grasa por porción. ("Fat Free", "Nonfat")
Bajo en Grasa: 3 gramos o menos de grasa por porción. Si las porciones son más pequeñas que 30 gramos, o más pequeñas que 2 cucharadas, esto significa que tienen 3 gramos o menos de grasa por 50 gramos de comida. ("Low Fat")

Reducido en Grasa, Menos Grasa: Por lo menos 25% menos grasa por porción que el mismo producto en su forma regular. ("Reduced Fat", "Less Fat")

Colesterol

Sin Colesterol: Menos de 2 miligramos de colesterol y 2 gramos o menos de grasa saturada por porción. ("Cholesterol Free")

Bajo en Colesterol: 20 miligramos o menos de colesterol y 2 gramos o menos de grasa saturada por porción. ("Low Cholesterol")

Colesterol Reducido, Menos Colesterol: Por lo menos 25% menos colesterol y 2 gramos o menos de grasa saturada por porción que el mismo producto en su forma regular. ("Reduced Cholesterol", "Less Cholesterol")

Sodio

Sin Sodio: Menos de 5 miligramos de sodio por porción. ("Sodium Free")

Bajo en Sodio: 140 miligramos o menos de sodio por porción. ("Low Sodium")

Muy Bajo en Sodio: 35 miligramos o menos de sodio por porción. ("Very Low Sodium")

Reducido en Sodio, Menos Sodio: Por lo menos 25% menos sodio por porción que el mismo producto en su forma regular. ("Reduced Sodium", "Less Sodium")

Ligero o Comida Ligera

Los alimentos que se denominan "Ligeros" o "Comidas Ligeras" son usualmente bajos en grasa o contienen menos calorías que los productos regulares. Algunos productos pueden contener menos sodio. Hay que ver la etiqueta de información nutricional en la parte de atrás del producto para estar seguros. ("Light", "Lite")

Carne y Aves

Carne Baja en Grasa o Carne Magra: Menos de 10 gramos de grasa, 4.5 gramos o menos de grasa saturada y menos de 95 miligramos de colesterol por porción y por 100 gramos. ("Lean")

Carne Muy Baja en Grasa o Carne Muy Magra: Menos de 5 gramos de grasa, menos de 2 gramos de grasa saturada y menos de 95 miligramos de colesterol por porción y por 100 gramos. ("Extra Lean")

Una de las formas más efectivas de ayudarnos a controlar nuestra diabetes, por medio de nuestra dieta, es simplemente leer las etiquetas de los paquetes de alimentos cuando vamos de compras. Una vez que hayamos visto el nombre del producto y lo que promete contener (por ejemplo, que tenga menos de uno o más de los ingredientes), debemos examinar otras cosas. Los paquetes de alimentos pueden contener promesas sobre la salud que tratan de explicar el valor alimenticio. Por ejemplo, un alimento con mucha fibra dietética y bajo en grasa saturada podría prometer rebajar el nivel del colesterol, y por ende, rebajar el riesgo de que una persona sufra de una enfermedad cardíaca si consume ese producto. Es muy importante que leas la etiqueta completa y cuidadosamente y, si tienes alguna duda sobre algún alimento en particular, que la comentes con tu médico o dietista.

Además de cumplir con los requisitos en cuanto a las definiciones de las declaraciones hechas en las etiquetas, la FDA también requiere que casi todos los productos contengan una etiqueta de información nutricional. Estas etiquetas se encuentran más a menudo en inglés, con la cabecera "Nutrition Facts". Si se encuentran en español pueden contener distintas cabeceras; las más comunes son "Información Nutricional", "Datos sobre Nutrición", "Datos de Nutrición" y "Datos Nutricionales".

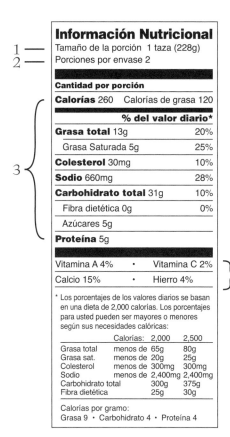

Información Nutricional	
Tamaño de la porción 1 taza (228g)	
Porciones por envase 2	

Cantidad por porción

Calorías 260	Calorías de grasa 120

	% del valor diario*
Grasa total 13g	20%
Grasa Saturada 5g	25%
Colesterol 30mg	10%
Sodio 660mg	28%
Carbohidrato total 31g	10%
Fibra dietética 0g	0%
Azúcares 5g	
Proteína 5g	

Vitamina A 4%	•	Vitamina C 2%
Calcio 15%	•	Hierro 4%

* Los porcentajes de los valores diarios se basan en una dieta de 2,000 calorías. Los porcentajes para usted pueden ser mayores o menores según sus necesidades calóricas:

	Calorías:	2,000	2,500
Grasa total	menos de	65g	80g
Grasa sat.	menos de	20g	25g
Colesterol	menos de	300mg	300mg
Sodio	menos de	2,400mg	2,400mg
Carbohidrato total		300g	375g
Fibra dietética		25g	30g

Calorías por gramo:
Grasa 9 • Carbohidrato 4 • Proteína 4

Fuente: Administración de Fármacos y Alimentos de los Estados Unidos

1 Tamaño de la porción: Esto es lo que se considera "normal" para el producto. Puedes encontrar que el tamaño de la porción indicado en la etiqueta es diferente de lo que tú y tu familia comen de un alimento en particular. Trata de ser realista en este sentido y recuerda que el tamaño de la porción es un factor muy importante en el control de la diabetes.

2 Porciones por envase: Una vez más, la porción es solamente una guía de lo que se considera un promedio. Este número debería ser ajustado dependiendo de la necesidad dietética de cada persona.

3 Para muchos de nosotros, lo importante en esta información es la cantidad de grasa, colesterol, sodio, carbohidrato y nutrientes que contiene el alimento. Es por ello que estas cantidades están indicadas no solamente en gramos o miligramos, sino también como un porcentaje del total que se recomienda para una persona en promedio, basado en una dieta de 2,000 calorías diarias (o a veces también de 2,500 calorías). Los valores diarios que son adecuados en tu caso pueden ser mayores o menores de los que se indican en la etiqueta, dependiendo de tu nivel de actividad y de tus necesidades personales. Ten en cuenta lo siguente: ya que los carbohidratos se encuentran en azúcares y féculas, éstos son la causa más importante del aumento en los niveles de glucosa en la sangre. La Asociación Americana de Diabetes ("ADA" en inglés) recomienda que las personas con diabetes sigan las pautas del gobierno federal para adultos sanos y que consuman no más del 45 a 65% del total de calorías diarias como carbohidratos.

4 En las etiquetas de los alimentos solamente se requiere indicar dos vitaminas, A y C, y dos minerales, calcio y hierro. Las compañías pueden indicar otros en forma voluntaria. Si lo hacen, deberías aprovecharlo.

No deberías tener que buscar mucho para encontrar la información nutricional, porque el gobierno regula el tamaño de las etiquetas. También mantiene pautas estrictas sobre la información que se incluye en estas etiquetas. Esto significa que podemos contar con que sean lo suficientemente grandes y claras para leerlas y entenderlas con facilidad. Bueno, estamos listos para poder leerlas pero ¿qué tenemos que saber para entenderlas?

La etiqueta que utilizamos como ejemplo en la página anterior ofrece una clara explicación sobre qué significan todos esos números.

Algunas etiquetas también indican el número aproximado de calorías que contiene un gramo de grasa, carbohidrato y proteína. Cuando esta información está disponible, estos números pueden ser útiles para crear el plan de comidas.

Ya que el formato de las etiquetas y el tipo de información que contienen deben ser muy similares de uno a otro producto y de una marca a otra, puedes compararlas a fin de escoger buenas opciones en tu caso. Muy pocos alimentos proporcionan el 100% de la cantidad recomendada de un nutriente, de modo que los porcentajes de los valores diarios indicados en los paquetes pueden ayudarte a tomar decisiones inteligentes sobre tu nutrición. Como siempre, si necesitas más información sobre cómo desarrollar tu propio plan de comidas, el mejor lugar para empezar es con tu médico y/o dietista.

Preguntas Comunes

1. **He visto varias veces la abreviación "RD" en folletos informativos. ¿Qué significa "RD" y por qué debo consultar a uno de estos profesionales?**
   "RD" es la sigla de "Registered Dietician" (Dietista Registrado). No pienses en un "RD" como el "policía alimenticio", sino más bien como un consejero personal sobre nutrición. En pocas palabras, los "RD" son personas capacitadas para analizar cómo tu cuerpo utiliza los alimentos. Con esa información pueden ofrecer consejos prácticos sobre cómo mantener tu propio plan de comidas y controlar tu nivel de azúcar en la sangre. El "RD" a quien consultes puede ayudarte a planear comidas tentadoras, ofrecerte consejos sobre cómo lograr que las comidas insípidas se conviertan en "deliciosas", determinar cuál debe ser tu meta calórica diaria, y contestar cualquier pregunta relacionada con las comidas. Al mantenerte en contacto con un dietista, estarás al tanto de las más importantes recomendaciones sobre nutrición. Tu doctor o centro médico local podrán recomendarte un "RD".

2. **¿Podré salir con mis amigos de vez en cuando a tomarme una cerveza?**
   La mayoría de las personas con diabetes no tiene que dejar de consumir alcohol, pero recuerda que LA MODERACIÓN ES EL SECRETO. Un trago se define como 5 onzas de vino, una cerveza "lite" de 12 onzas o 1 1/2 onzas de alcohol destilado del 40% vol. La ADA generalmente recomienda que los hombres no consuman más de dos tragos diarios y que las mujeres no consuman más de un trago diario. Siempre debes averiguar qué contiene tu trago. Por ejemplo: la piña colada y otras bebidas que contienen ron y las bebidas alcohólicas con jugos de fruta son muy altas en azúcares y pueden afectar tu nivel de azúcar en la sangre más que una cerveza o un vino. Asegúrate de comer algo cuando estás tomando un trago, porque el consumo de alcohol con el estómago vacío aumenta las probabilidades de que desarrolles hipoglucemia.

3. **¿Qué vitaminas debo tomar para ayudarme a controlar la diabetes?**

Necesitamos hacer más estudios sobre este tema, pero muchos médicos creen que una persona con diabetes que come una variedad de frutas, verduras y carnes todos los días no debería tener que complementar su dieta con vitaminas. Si decides tomar un suplemento, consulta a tu médico o tu "RD" antes de añadirlos a tu plan de comidas.

4. **¿Es verdad que perder peso puede ayudarme?**

¡¿Cómo no nos va a ayudar a casi todos?! Estar cerca de nuestro peso ideal no solamente ayuda a nuestra presión arterial y niveles de grasa en la sangre, reduciendo el riesgo de una enfermedad cardíaca, sino que también disminuye la probabilidad de que el cuerpo impida los efectos de la insulina. El control de peso a menudo ofrece el beneficio adicional de que se pueda tomar menos medicamentos. ¿Por qué no tratar de lograr que nuestra meta personal sea la de llegar a nuestro peso ideal?

5. **Nicole, con un horario tan exigente como es el de ser Miss America, ¿cómo lograste mantener tu plan de comidas?**

Exigente, sí; me encontré más ocupada que "exigente" realmente se puede decir. Durante mi reinado como Miss America, tuve que medirme el nivel de glucosa en la sangre para mantener controlada mi diabetes. Honestamente, todavía es difícil para mí y muchas veces no tengo ganas de hacerlo, pero sé que es necesario para mantenerme viva y mantener mi estilo de vida. Llevo mi equipo de examen en mis valijas y en mi automóvil. Eso me evita problemas, porque siempre lo tengo a mano. Utilizo una bomba de insulina que me ayuda muchísimo. Con referencia a mi plan de comidas, he aprendido que no tengo que limitarme únicamente a los menús impresos; en los restaurantes se puede pedir distintas combinaciones de las comidas preparadas de la manera que uno desea. También hago ejercicios cuando tengo tiempo, incluso caminando en los almacenes grandes y usando las escaleras en los hoteles.

6. **¿Qué comidas puedo utilizar libremente?**

Bueno, sentarse frente a una televisión con una caja de chocolates no está dentro del plan; ¡esto es lo mismo para todas las personas que quieren mantener su salud! Yo sé que es difícil mantener un plan de comidas, especialmente si vemos personas alrededor de nosotros que comen cualquier cosa y todo lo que se les antoje. Puedes permitirte ciertos lujos, pero ¿cuál es mi palabra favorita? MODERACIÓN. Eso quiere decir practicar control sobre las porciones (consulta la tabla sobre porciones en la página 8) y tener en cuenta lo que comemos durante el día. Si comemos bien (es decir, según nuestro plan de comidas) durante el día, entonces quizás podamos permitirnos un pequeño premio a la hora de la cena… y quiero decir muy pequeño. Es fácil ser creativo con un plan de comidas. Cuando veas las recetas en este libro, observarás que comer y vivir saludablemente no tiene que ser aburrido. Y antes de que te des cuenta, ¡te sentirás feliz de haberte comprometido a comer saludablemente!

7. **¿Son todas las grasas iguales? ¡Por favor ayúdame a poner fin a esta confusión!**

No, todas las grasas *NO* son iguales, ni son todas malas. En realidad, las porciones pequeñas de algunas grasas pueden ser beneficiosas. Por ejemplo, las grasas que se encuentran en las nueces como almendras, pistachos, maní y pepita de marañón ("cashews"), y también aguacates, aceitunas y aceite de canola, son denominadas monoinsaturadas. Se cree que estas grasas aumentan los niveles de colesterol "HDL" (o colesterol bueno) y disminuyen los niveles de colesterol "LDL" (o colesterol malo). Las grasas poliinsaturadas son saludables también, pero un poco menos saludables. Estas se encuentran principalmente en los aceites vegetales, y se cree también que disminuyen los niveles del LDL. Te recomiendo limitar la cantidad de grasas saturadas (sólidos), como los que se encuentran en las grasas de las carnes, la manteca y el tocino, y evitar las grasas trans, las que se encuentran en los alimentos procesados. Estos tipos de grasa causan el aumento de los niveles de colesterol. En general, un plan de comidas saludables incluye entre 25 y 35% de calorías de grasa, con menos de 7% de éstas derivadas de grasa saturada y la menor cantidad posible de grasa trans.

8. **Nicole, ¿qué consejo darías a los niños para ayudarlos a comunicarse con sus amigos, familiares y otros que no entienden esta enfermedad?**
A menos que alguien viva con la enfermedad, no puede comprender completamente sus efectos psicológicos, emocionales y físicos. Siempre habrá personas que no pueden comprender qué es la diabetes, de modo que no vale la pena preocuparte por esto. Para los niños, una de las maneras clave de superar el sentido de aislamiento es unirse a un grupo de niños de la misma edad que sufren de diabetes o que confrontan un reto parecido. El apoyo de otros es fundamental para lograr un cuidado y un control adecuado de la diabetes.

9. **¿Qué debo hacer si me encuentro en una situación en la que no tengo mi insulina?**
¡Buena pregunta! Donde vivo yo, en el sur de la Florida, las tempestades pueden causar apagones por varios días. Se recomienda que debemos tener suministros para una emergencia siempre a mano y listo para usar. Deberías tenerlos también, no importa donde vivas. La insulina dura (a temperatura ambiente) por lo menos un mes, pero si se expone a luz directa, congelamiento o condiciones extremas de calor, puede perder su efectividad. Si estás trabajando más de lo normal y no comes como es debido, debes chequear tu glucosa cuidadosamente y ajustar la dosis de insulina. Hay un libro llamado *Planning Your Diabetes Care During Disaster Conditions* preparado por la Asociación de Educadores de Diabetes del Garden State. Ofrece datos y consejos en caso de que te encuentres en un dilema. Está disponible en línea en *www.bddiabetes.com*, o puedes pedirlo a través de Becton Dickinson, Servicios al Consumidor, llamando al 1-800-237-4554.

10. **¿Es verdad que no debo comer comidas dulces por el resto de mi vida?**
¡Esto no es verdad! No tienes que decir no a un pedazo pequeño de pastel de cumpleaños de chocolate. Solamente ajusta tu dieta comiendo menos pan ese día y quizás caminando alrededor de la manzana. Básicamente, si comes mucho azúcar (o CUALQUIER otro alimento que contenga carbohidrato, aún si es pasta o papas) tu nivel de glucosa en la sangre será más alto. El azúcar

contiene calorías "vacías", aquellas sin vitaminas, minerales o fibra, que no te ayudan para nada y causan que subas de peso. En vez de utilizar grandes cantidades de azúcar en tu comida, experimenta con distintos jugos de fruta, especias y sazones, o quizás puré de manzana. Generalmente, se permiten pequeñas cantidades de azúcar, pero si estás tratando de comer menos calorías, el endulzante artificial puede ayudar a satisfacer tu deseo de algo dulce. Consulta la información en las páginas 10 a 12.

11. Si como lo mismo todos los días, ¿sería más fácil controlar mi glucosa?

Sí, ¿pero puedes decir "aburrido"? Todos nosotros necesitamos variedad, y verdaderamente, las comidas deliciosas pueden ser nutritivas también. Experimenta con las diferentes comidas. Mídete el nivel de glucosa como una hora después de que comas, y así averiguarás cómo te afectan las distintas comidas. Tu "RD" puede prepararte planes de comidas que te ayudarán a mantenerte saludable sin el aburrimiento de comer lo mismo todo el tiempo.

12. ¿Cómo puedo reducir la grasa de mi dieta?

He aquí algunos consejos que puedes incluir fácilmente en tu programa. Primero, trata de eliminar los alimentos fritos. Escoge carnes sin grasa y vegetales al horno, a la parrilla o asados. Sofríe con mucha sazón pero con poco aceite. Utiliza aceites de canola u oliva en vez de manteca. Y he aquí lo más fácil de todo: utiliza comidas bajas en grasa o sin grasa en vez de comidas regulares. Eso no es tan difícil, ¿verdad?

13. Pronto tendrá lugar una reunión familiar. ¿Qué hago si como de más?

¡Ponte las zapatillas y a caminar, amigo! Literalmente. Si tu doctor te ha dado el permiso para hacer ejercicios, amárrate las zapatillas y sal a caminar. No quiero decir que debas hacerlo pausadamente. Hazlo vigorosamente, si tu médico lo aprueba. Y, ya que lo estás haciendo, invita a otra persona para que te acompañe. Hacer ejercicios con un amigo es mucho más placentero y es probable que tú no seas el único que ha comido demasiado y necesite una caminata alrededor de la manzana. Aún si no has comido demasiado (y todos lo hacemos de vez en cuando), una o dos caminatas al día contribuirán a disminuir el nivel de glucosa en la sangre.

14. ¿Cuál es la diferencia entre hipo e hiperglucemia?

Es muy importante entender la diferencia entre estas dos, porque el tratamiento es diferente. Hipoglucemia es cuando el nivel de azúcar en la sangre está muy bajo. La causa de esto es ingerir alcohol, demasiada insulina o no comer lo suficiente. Los síntomas pueden incluir sudor, palidez, dificultades para concentrarse y sensación de comezón alrededor de la boca. Si esto ocurre, toma rápidamente alguna bebida azucarada, como soda o jugo, o come un caramelo. Hiperglucemia es cuando uno tiene mucha glucosa (azúcar) en la sangre. Una cantidad insuficente de insulina, comer en exceso y el estrés son todas posibles causas de la hiperglucemia. Los signos de hiperglucemia incluyen cansancio, sed excesiva, necesidad de orinar frecuentemente, trastornos estomacales y olor a fruta en el aliento. El tratamiento consiste en tomar una dosis adicional de insulina, o en comer menos. Los casos más serios requieren atención médica inmediata.

Consejos sobre Porciones

¿Qué tienen en común una pelota de tenis, un bombillo y un "mouse" de computadora? Sigue leyendo y sabrás.

¿Existe en realidad una gran diferencia si comes un poquito más de lo que indica tu plan de comidas? Tú puedes pensar que otra onza de algo aquí y allá no te afectará, pero pon a un lado ese tenedor, porque *sí* representa una gran diferencia. Esas calorías extra se suman, causando que subas de peso y haciendo que sea mucho más difícil controlar la diabetes. Es aquí donde se ve la diferencia, en el control de las porciones.

Yo no espero que alguien lleve consigo una balanza de alimentos todo el tiempo. Por lo tanto, he aquí dos formas fáciles de medir las comidas:

■ Prueba esto con frutas y vegetales: en la sección de productos agrícolas del supermercado, recoge en tus manos pedazos pequeños, medianos y grandes de fruta y adivina cuánto pesa cada pedazo; entonces, ponlos en la balanza del supermercado. ¿Qué tan cerca estás al peso real? Después de hacer esto varias veces, podrás estimar cuál es el peso de muchas de las frutas y los vegetales. ¡Este es el comienzo del control de porciones!

■ Quizás quieras saber cómo se ve una taza de leche baja en grasa. ¿Siempre tendrás que utilizar una taza de medir? ¡No! Simplemente mide una taza de cualquier líquido en una taza de medir y entonces vierte el líquido dentro de uno de tus vasos regulares. Marca o memoriza a donde llega el líquido. ¡Es fácil! Este método puede aplicarse a casi cualquier cosa, desde cuánto cereal debes poner en un tazón hasta cuánto aceite debes poner en tu sartén. Es siempre bueno saber qué es lo que estás ingiriendo.

Cuando comas fuera de tu casa, el control de las porciones puede ser un poco difícil. Si vas a un restaurante que sirve porciones grandes, entonces comparte tu comida con tu compañero; o mejor todavía, en el momento que tu comida llega a la mesa, pon al lado la mitad para llevarla a la casa para la merienda o cena de otro día. Ahora para la parte que comprende la pelota de tenis, el bombillo y el "mouse" de computadora. He aquí una lista que utiliza objetos del diario vivir para compararlos con las porciones de alimentos:

2 cucharadas de aderezo de ensalada	=	un cubito de hielo
3 onzas de carne	=	una baraja de cartas
1 manzana mediana	=	una pelota de tenis
1 papa mediana	=	un "mouse" de computadora
1 cebolla mediana	=	una pelota de béisbol
1 taza de frutas	=	una naranja mediana
l onza de carne	=	una cajita de fósforos
1/2 taza de pasta	=	una bola de helado
1 onza de pan	=	un portador de discos "CD"
1 taza de brócoli	=	un bombillo
2 cucharadas de mantequilla de maní	=	una pelota de golf
1 onza de queso	=	un dominó

Después de practicar esto, tú podrás determinar el tamaño de tus porciones al mirarlas. En realidad no es tan difícil. Y, hablando de barajas, pelotas y dominós, ¡puedes hasta convertirlo en un juego! ¡Tú serás el ganador!

El Arte de Intercambiar Alimentos

Bueno, tienes que hacer ajustes en tu forma de comer. ¿Quiere esto decir que tienes que dejar de comer alimentos sabrosos? ¡No, claro que no! Cambiar de las formas tradicionales de tus alimentos favoritos a las formas bajas en grasa puede ser fácil, y supongo que ya estás utilizando algunos de los alimentos bajos en calorías. Continúa con esto, y utiliza esta guía inteligente para ayudarte a usar comidas más saludables sin perder el sabor que tanto te gusta.

En vez de	*Prueba esto*
Queso regular	Queso bajo o reducido en grasa, o un queso de sabor fuerte (con un queso fuerte puedes utilizar la mitad de lo que pide la receta)
Chips de maíz o patatas fritas	Chips de tortilla o papitas al horno, o "pretzels"
Crema pesada	Leche evaporada descremada
"Croissants"	"Bagels", pan de pita
Huevos	Sustituto de huevos, claras de huevo
Carne molida	Carne molida baja en grasa, pechuga de pavo molida
Helado	Sorbete, yogur congelado, helado bajo en grasa
Crema agria	Crema agria sin grasa o yogur simple
Leche entera	Leche baja en grasa o de 1%

Sustituir alimentos regulares con opciones bajas en calorías es solamente un paso hacia comer más saludablemente, pero hay varias formas en que podemos preparar o cocinar los alimentos para hacer que sean mejores para nosotros. He aquí algunas ideas:

■ En vez de freír o sofreír, prueba cocinarlo al horno, al vapor, a fuego lento, asado o a la parrilla. Estos métodos verdaderamente rebajan la grasa.

■ Utiliza sartenes y ollas de teflón, porque requieren menos grasa para que los alimentos no se adhieran a la sartén.

■ Agrega un poquito de jugo cítrico (limón amarillo, limón verde o naranja) a los aderezos de ensalada para darles un brío sin las correspondientes calorías.

■ Con quesos de sabor fuerte como Roquefort, Parmesano y Romano, simplemente utiliza la mitad de lo que pide la receta.

■ Si estás limitando tu colesterol dietético, los huevos pueden formar parte del plan, pero con moderación. Dos claras de huevo equivalen a un huevo entero, y también hay muy buenos sustitutos de huevos en la sección de huevos del supermercado. Puedes probar estos.

■ Cuando comas en casa o comas afuera, ¡pon atención a lo que tomas! Toma agua, té frío sin azúcar o agua con burbujas sin azúcar en vez de sodas, jugos de fruta que tienen azúcar o batidos de leche. Un pedazo de limón fresco puede añadir vigor a tu agua o té frío también.

■ En los restaurantes, escoge vegetales a vapor en vez de platos llenos de grasa, y pide los aderezos, salsas y condimentos (bajos en calorías o bajos en grasa cuando sea posible) por separado, para que puedas controlar la cantidad que ingieres.

Yo sé que no vas a hacer todos estos cambios de la noche a la mañana, pero pasado un tiempo y con un poco de práctica, no tendrás problemas en preparar comidas que saben bien y que son buenas para ti. ¡Te lo aseguro!

Azúcar y Endulzantes Artificiales

Uno de los primeros pensamientos que tiene una persona después de recibir un diagnóstico de diabetes es, "¡Caramba! ¡Yo no puedo tomar algo dulce nunca más!" Bueno, eso era la realidad hace unos años, cuando los doctores creían que el azúcar de mesa regular (sucrosa) hacía que el nivel de azúcar en la sangre subiera hasta el techo.

Por eso, la llegada del endulzante artificial. Junto con su disponibilidad comercial llegó una cantidad de preguntas y preocupaciones, tales como "¿Puedo hornear con ellas?" y "¿Son mejores para mí que el azúcar?" Me gusta llamar al endulzante "libre" (sin restricciones dietarias) porque endulza nuestra comida sin añadir calorías o subir el nivel de glucosa en la sangre.

Antes de explicarte más sobre el endulzante artificial, deberías saber que, gracias a estudios intensivos, la ADA cambió sus recomendaciones sobre nutrición en 1994 e informó que el azúcar no afecta el nivel de glucosa en la sangre de una manera muy diferente a cualquier carbohidrato.

Pero, no vayas corriendo a comer una barra grande de caramelo. El informe de la ADA indicó que el azúcar sí se puede incluir en los planes de comidas para las personas con diabetes, pero que no se debe considerar una "comida libre". El azúcar se considera un carbohidrato y debe ser, por lo tanto, sustituido por otros alimentos que contienen carbohidratos. Y, ya que las calorías de azúcar son calorías "vacías", es preferible escoger un carbohidrato que sea de valor nutritivo. Es por ello que podemos comer azúcar CON MODERACIÓN.

Ya que muchas personas con diabetes todavía utilizan endulzantes artificiales, hablemos sobre cuatro de estos que han sido aprobados por la ADA y la FDA:

1. Aunque ha habido un debate sobre su uso desde los principios de los 1900, la **sacarina** es el endulzante más común utilizado en los Estados Unidos. Con un sabor mucho más dulce que el azúcar, la sacarina (que se encuentra en Sweet 'N Low®) es buena en bebidas calientes o frías.

2. **El aspartamo,** también conocido como NutraSweet® y Equal®, se descubrió en 1965. Reacciones leves tales como dolores de cabeza y mareos han sido reportados como resultado del uso de aspartamo, y las personas que sufren de fenilcetonuria ("PKU" en inglés, una enfermedad genética rara) deben abstenerse de comer cualquier alimento que lo contenga. El aspartamo tiende a perder su sabor dulce cuando es calentado por períodos largos. Por lo tanto, cuando sea posible, no se debe añadir a nada que se vaya a hornear hasta el final del cocimiento. También puede regarse sobre el alimento después de sacarlo del calor.

3. "Acesulfame-K", también conocido como **potasio acesulfamo,** se vende bajo el nombre Sweet One®. Descubierto en 1967, este endulzante es 200 veces más dulce que el azúcar. Sweet One® contiene 1 gramo de carbohidrato. Puede usarse para hornear, pero cambia la contextura de la comida cocinada demostrando una marcada diferencia con aquellos que son hechos con azúcar.

4. **La sucralosa** es 600 veces más dulce que azúcar. Este endulzante, conocido con la marca Splenda®, es hecho de azúcar y contiene carbohidratos. Las personas han podido cocinar y hornear con este producto con buenos resultados, y puede también ser añadido directamente a los alimentos.

A continuación hay una lista que convierte las medidas de azúcar a la cantidad de paquetes de endulzantes sin calorías. Muchas de las recetas en este libro son buenas ya sea con azúcar o con un endulzante artificial. Sin embargo, sírvete notar que ya que el azúcar es importante para el volumen y la textura de casi todos los productos horneados, a veces podrás reemplazar solamente la mitad de azúcar indicado con un sustituto adecuado de azúcar para las recetas de los productos horneados. Experimenta y llegarás a tu propia conclusión. **No te olvides: el uso moderado de azúcar está aprobado por la ADA en la mayoría de los planes de comidas para personas con diabetes; usa la cantidad que cumpla con las recomendaciones de tu propio plan.**

Cantidad de azúcar		Equivalente en paquetes de endulzante
2 cucharaditas	=	1 paquete
1 cucharada	=	1 1/2 paquetes
1/4 taza	=	6 paquetes
1/3 taza	=	8 paquetes
1/2 taza	=	12 paquetes
3/4 taza	=	18 paquetes
1 taza	=	24 paquetes
1 libra	=	57 paquetes

Recuerda que cada persona tiene una reacción distinta a los endulzantes artificiales, de modo que debes comentar el uso de éstos con tu médico o dietista y utilizarlos de la manera que funciona mejor para ti. Ya sea que decidas utilizar azúcar o un endulzante artificial, o una combinación de ambos, mídete tu nivel de glucosa en la sangre después de comer algo dulce, para determinar su efecto en tu cuerpo. Además, pregúntale a tu médico si sería necesario aumenter tu consumo de insulina en esos momentos cuando sabes que vas a consumir dulces. Nuestra meta al comer dulces debería ser asegurarnos de que sean aprobados por nuestro médico o dietista y que sean lo más nutritivos posible.

Información sobre el Sodio

¿Sabías que nuestro cuerpo requiere solamente unos 220 mg de sodio (sal) por día? Sin embargo, el estadounidense promedio ingiere casi 5,000 mg por día. Realmente nos gusta nuestra sal, ¿no? La ADA recomienda que las personas con diabetes (y de verdad todos) deben ingerir menos de 2,300 mg, y aquellos con hipertensión leve o moderada deben ingerir menos de 1,500 mg por día.

No deberíamos eliminar completamente el sodio de nuestra dieta, porque nuestro cuerpo lo necesita para poder funcionar adecuadamente. ¿Recuardas cuál es mi palabra favorita? ¡MODERACIÓN! Consumir una cantidad insuficiente de una cosa no es bueno para la salud, y consumir demasiado tampoco es bueno. Consumir demasiado sodio puede subir la presión arterial, lo que a su vez puede aumentar la probabilidad de sufrir una enfermedad cardíaca o un derrame cerebral.

Entonces, quieres saber cómo debes sazonar tu comida sin añadir grandes cantidades de sodio, ¿no? ¡Eso es fácil! Con uno o dos dientes de ajo picados, un poco de cebolla y, por supuesto, hierbas frescas. Puede ser tan divertido experimentar con éstas, ya que las hierbas frescas se pueden conseguir casi siempre en la sección de productos agrícolas en los supermercados.

He aquí un truco simple para sazonar: utiliza caldo de pollo enlatado, bajo en grasa y en sodio, en lugar de agua cuando hagas arroz, pasta o casi cualquier cosa que necesite un poco de líquido. ¡Ten siempre en casa unas cuantas latas para ayudarte a sazonar casi cualquier cosa que cocines!

Una Nota sobre los Alimentos Empaquetados

Los tamaños de los alimentos empaquetados pueden variar según su marca. Generalmente, los tamaños indicados en estas recetas son tamaños medianos. Si no puedes encontrar el tamaño exacto que pide la receta, utiliza cualquier paquete que sea lo más similar posible al tamaño indicado. Funcionará bastante bien en la receta. Pero recuerda que utilizar productos distintos puede alterar el análisis nutricional de la receta. Experimenta con distintas marcas hasta que estés satisfecho.

Como indico en muchas partes de este libro, siempre utiliza los ingredientes más ligeros. Y recuerda que solamente porque el nombre de un producto incluya la palabra "light" o "lite", no necesariamente es así. Tienes que leer y saber qué estás buscando en las etiquetas de los productos. (Ver la sección Información sobre Términos y Etiquetas de Paquetes en la página 1). Es la mejor forma de controlar lo que consumes.

Bocadillos

Dip de Espinaca con Queso Parmesano

Porción: 2 cucharadas, Total: 32 Porciones

2 paquetes (10 onzas c/u) de espinaca picada descongelada y escurrida

1 paquete (8 onzas) de queso crema reducido en grasa, ablandado

1 paquete (8 onzas) de queso crema sin grasa, ablandado

1/2 taza de queso Parmesano fresco rallado (1 cucharada reservada para después)

1/3 taza de mayonesa sin grasa

2 cucharadas de jugo de limón fresco

1 cucharadita de ajo en polvo

1 lata (8 onzas) de castañas de agua rebanadas, escurridas y picadas

1 Precalentar el horno a 350°F. Rociar un molde para pastel de 9 pulgadas con aceite en spray.

2 En un tazón mediano, batir la espinaca, el queso crema, el queso Parmesano (menos la cucharada reservada), la mayonesa, el jugo de limón y el ajo en polvo hasta que estén bien combinados. Agregar las castañas y verter la mezcla dentro del molde.

3 Espolvorear la salsa con la cucharada de queso Parmesano reservado, cubrir con papel aluminio y hornear por 15 minutos; quitar el papel aluminio y hornear por 15 a 20 minutos más, o hasta que esté totalmente caliente. Servir de inmediato.

Intercambios

1 Vegetal
1/2 Grasa

Calorías 42
  Calorías de grasa 19
Grasa total . . . . 2 g
  Grasa saturada . . . . . 1.4 g
Colesterol . . . . 8 mg
Sodio . . . . 146 mg
Carbohidrato total . . . . 3 g
  Fibra dietética . . . . 1 g
  Azúcares . . . . 1 g
Proteína . . . . 3 g

"¡Qué combo! Esta salsa va con cualquier cosa. Va bien con Tostaditas de Pita de Ajo (pág. 29), rebanadas finas de tostadas de 'bagel' y vegetales frescos cortados".

Dip de Pimentones Rojos Asados

Porción: 2 cucharadas, Total: 12 Porciones

1 envase (7 onzas) de pimentones rojos, asados, escurridos y secados

1 envase (8 onzas) de crema agria baja en grasa

1 envase (8 onzas) de crema agria sin grasa

1 cucharada de albahaca fresca

1 diente de ajo

1/8 cucharadita de pimienta negra molida

1 Poner todos los ingredientes en una licuadora y licuar completamente. Servir de inmediato, o poner en la refrigeradora en un envase sellado hasta que vayas a servirlo.

Nota

Sirve con una variedad de verduras cortadas para comer con la salsa. Si deseas asar tus propios pimentones, corta 3 pimentones (cualquier color) en pedazos de 1 pulgada. En un envase mediano, combina 2 cucharadas de aceite de oliva y 1/4 cucharadita cada uno de ajo en polvo, cebolla en polvo, sal y pimienta. Agrega los pedazos de pimentones y cúbrelos con la salsa. Ponlos en una cacerola para hornear de 9" × 13" y hornea en un horno precalentado a 450°F por 20 a 25 minutos, o hasta que los pimentones estén tiernos.

Intercambios

1 Vegetal
1/2 Grasa

Calorías 45
  Calorías de grasa 15
Grasa total . . . . 2 g
  Grasa saturada . . . . . 1.3 g
Colesterol . . . . 9 mg
Sodio . . . . 63 mg
Carbohidrato total . . . . 3 g
  Fibra dietética . . . . . . 0 g
  Azúcares . . . . 2 g
Proteína . . . . 3 g

"Mantente alerta sobre las porciones que comes, ya sea para picar o como bocadillo en una fiesta cóctel o cena de gala. Aunque esta salsa es buenísima, consumir demasiado puede trastornar cualquier plan de comidas. Recuerda, moderación es la palabra clave con cualquier tipo de alimentación saludable, pero especialmente para las personas con diabetes, como nosotros".

Dip de Limón "Dill"-iciosa

Porción: 2 cucharadas, Total: 12 Porciones

1 taza de mayonesa ligera

1/2 taza de suero de leche

1 cucharadita de jugo de limón fresco

1 cucharada de eneldo ("dill") fresco

1/2 cucharadita de ajo en polvo

1/4 cucharadita de pimienta negra molida

1/2 cucharadita de cáscara de limón rallada

1 En un tazón pequeño, mezclar con una batidora de mano todos los ingredientes hasta que estén combinados. Servir de inmediato, o tapar y poner en la refrigeradora hasta que lo vayas a servir.

Consejos para Servirlo

Limpia y cocina espárragos por unos minutos en el microondas y pon en la refrigeradora hasta que estén listos para comerlos con la salsa. Quizás quieras agregar un poco, también, a tu pescado o pollo a la parrilla.

Intercambios
1 1/2 Grasa

Calorías 71
   Calorías de grasa 61
Grasa total . . . . 7 g
   Grasa saturada . . . . 1 g
Colesterol . . . . 7 mg
Sodio . . . . 171 mg
Carbohidrato total . . . . 2 g
   Fibra dietética . . . . 0 g
   Azúcares . . . . 1 g
Proteína . . . . 0 g

"Hummus" para Amantes de Ajo

2 latas (15 onzas c/u) de garbanzos enjuagados, reservando 1/3 taza del líquido original

3 dientes de ajo

2 cucharadas de jugo de limón fresco

2 cucharadas de aceite de oliva

1 cucharadita de comino molido

1 cucharadita de sal

1 Combinar todos los ingredientes (incluyendo la taza de líquido de garbanzos reservado) en un procesador de alimentos que ha sido equipado con su cortador de metal. Procesar hasta que la mezcla se torne suave y cremosa y no haya bolitas en la salsa, raspando el tazón cuando sea necesario.

2 Servir de inmediato, o tapar y poner en la refrigeradora hasta que lo vayas a servir.

¿Sabías que ...

el garbanzo es tan importante para las personas en la India, África del Norte y el Medio Oriente como lo es la papa o el frijol para los americanos? Es una comida tradicional que se come en formas diferentes. Este plato favorito del Medio Oriente se sirve casi siempre con pan de pita en triángulos o galletitas de pan, pero las verduras frescas cortadas, tales como florecitas de brócoli y de coliflor y palitos de zanahorias, también van bien con esta salsa.

Intercambios

1 Fécula
1 Grasa

Calorías 122
  Calorías de grasa 33
Grasa total . . . . 4 g
  Grasa saturada . . . . 1 g
Colesterol . . . . 0 mg
Sodio . . . . 403 mg
Carbohidrato total . . . 18 g
  Fibra dietética . . . . 4 g
  Azúcares . . . . 2 g
Proteína . . . . 5 g

Salsa Rápida

2 tomates maduros grandes, finamente picados

1/2 pimentón mediano verde, finamente picado

1 cebolla pequeña, finamente picada

1 cucharadita de salsa picante tipo Tabasco

1/4 cucharadita de comino molido

2 cucharadas de cilantro fresco, picado

1 En un tazón mediano, combinar todos los ingredientes; mezclar bien.

2 Tapar y poner la salsa en la refrigeradora por al menos 1 hora, o hasta que lo vayas a servir. (Esta salsa puede mantenerse por hasta 1 semana en la refrigeradora en un recipiente herméticamente cerrado).

Intercambios
Libre (sin restricciones)

Calorías 13
  Calorías de grasa 1
Grasa total . . . . 0 g
  Grasa saturada . . . . 0 g
Colesterol . . . . 0 mg
Sodio . . . . 7 mg
Carbohidrato total . . . . 3 g
  Fibra dietética . . . . 1 g
  Azúcares . . . . 2 g
Proteína . . . . 0 g

"Esta receta favorita del sur de la frontera es ligera y suficientemente deliciosa para ponerle un vaivén en el caminar.
Junto con verduras frescas y chips de tortilla, tendrá al grupo gritando ¡ay caramba!"

Bistec Marinado con Nachos

Porción: 1/12 de la receta, Total: 12 Porciones

1/2 taza de jugo de limón

2 cucharadas de ajo, finamente picado

1 cucharada de orégano seco

1 cucharada de comino molido

1 cucharadita de sal

1 cucharada de pimienta negra molida

1 libra de bistec de falda ("beef flank steak"), sin grasa excesiva

1 paquete (14 onzas) de chips de tortilla al horno, sin grasa

1/2 taza (2 onzas) de quesos "Colby" y "Jack" reducidos en grasa, rallados y mezclados

2 tomates medianos, sin semillas y picados

3 cebollinos, finamente rebanados

Intercambios

2 Fécula
1 Carne Magra

Calorías 197
 Calorías de grasa 37
Grasa total . . . . 74 g
 Grasa saturada . . . . . 1.4 g
Colesterol . . . . 16 mg
Sodio . . . . 293 mg
Carbohidrato total . . . 30 g
 Fibra dietética . . . . 5 g
 Azúcares . . . . 1 g
Proteína . . . . 12 g

1 En un molde para hornear de 9" × 13", combinar el jugo de limón, el ajo, orégano, el comino, la sal y la pimienta. Agregar la carne, dando vuelta para cubrir completamente. Tapar y dejar marinar en la refrigeradora por 30 minutos.

2 Precalentar la parrilla. Poner la carne en un molde de hornear con bordes, descartando la salsa con que se adobó. Asar la carne por 8 a 9 minutos de cada lado hasta que se cocine a término medio, o al término deseado. Dejar enfriar por 10 minutos. Poner en una tabla de cortar y rebanar contra la veta en tajadas delgadas y después cortar en pedazos de 1 pulgada. Reducir la temperatura del horno a 350°F.

3 Poner los chips de tortilla en dos moldes para hornear con bordes, colocar encima la carne y después el queso. Hornear por 5 a 6 minutos, o hasta que el queso se derrita. Sacar del horno y servir en un plato de servir. Si deseas puedes adornarlo con los tomates y el cebollino. Servir de inmediato.

"La foto en la página opuesta indica qué tan tentador se ve este plato cuando sale del horno. (A veces hasta le agrego jalapeños por encima). ¿No te da ganas de comerlo ahora mismo?"

Bistec Marinado con Nachos

Pavo Française

B

Bistec Provenzal

C

Lasaña Primavera

Sopa de Tortilla Mejicana

Rollitos Asiáticos

Porción: 2 rollitos, Total: 10 Porciones

3/4 libra de pechuga de pollo cocido, despellejado, deshuesado y desmenuzado

1/4 libra de brotes de frijol

1/2 cabeza pequeña de repollo chino o Napa, desmenuzado (aproximadamente 3 tazas)

1 zanahoria mediana, rallada (aproximadamente 1 taza)

6 cebollinos, finamente rebanados

1/4 taza de vinagre blanco

3 cucharadas de aceite de canola

2 cucharadas de salsa de soya tipo "lite"

1 cucharada de aceite de ajonjolí

2 dientes de ajo, finamente picados

2 cucharadita de jengibre en polvo

1/2 cucharadita de pimienta negra molida

1 a 2 cabezas de lechuga "Bibb", separada para obtener 20 hojas

1 En un tazón grande, combinar el pollo, los brotes de frijol, el repollo, la zanahoria y el cebollino; mezclar bien.

2 En un envase pequeño, combinar el vinagre, el aceite de canola, la salsa de soya, el aceite de ajonjolí, el ajo, el jengibre y la pimienta; mezclar bien y verter sobre la mezcla del repollo. Mezclar bien hasta que cubra todo el repollo.

3 Con una cuchara, untar cantidades iguales de la mezcla de pollo sobre el centro de cada hoja de lechuga y doblar en forma de sobre. Darlas vuelta y poner en un plato de servir.

Intercambios

1 Vegetal
1 Carne Magra
1 Grasa

Calorías 123
 Calorías de grasa 61
Grasa total . . . . 7 g
 Grasa saturada . . . . . 0.8 g
Colesterol . . . . 29 mg
Sodio . . . . 156 mg
Carbohidrato total . . . . 4 g
 Fibra dietética . . . . 1 g
 Azúcares . . . . 2 g
Proteína . . . . 12 g

"Para tu próxima fiesta, ¿por qué no servir un poco de diversión poniendo la mezcla del pollo y las hojas de lechuga en la mesa para que cada uno se sirva y haga su propio rollo? No solamente te ahorrará tiempo, sino que le dará al grupo la oportunidad de participar en la acción".

Chips de Pizza de Berenjena

Porción: 3 chips, Total: 8 Porciones

2 huevos

1 cucharada de agua

1/4 cucharadita de pimienta negra molida

1 1/4 tazas de migas de pan de sabor italiano

1 berenjena grande, pelada y cortada en rebanadas de 1/4 pulgada

Aceite en spray

2 tazas de salsa de espagueti tipo "lite" (ver el cuadro)

1/2 taza (2 onzas) de queso mozzarella reducido en grasa, rallado (ver el cuadro)

1 Precalentar el horno a 350°F. En un plato llano, batir los huevos con el agua y la pimienta. Poner las migas de pan en otro plato llano. Cubrir una bandeja de hornear con papel aluminio y rociar completamente con aceite en spray; poner a un lado.

2 Sumergir cada rebanada de berenjena en la mezcla de huevo y después en las migas de pan cubriéndola completamente. Colocar cada rebanada de berenjena en la bandeja de hornear separadamente, y rociar con aceite en spray. Hornear por 15 minutos, darlas vuelta y rociar con aceite en spray, hornear por 15 minutos más.

3 Sacar la bandeja del horno y agregar a cada rebanada una cucharada de salsa de espagueti. Cubrirlas con el queso mozzarella y regresar la bandeja al horno por 4 a 5 minutos más, o hasta que la salsa haga burbujas y el queso se derrita.

Intercambios
1 Fécula
2 Vegetal
1/2 Grasa

Calorías 148
    Calorías de grasa 34
Grasa total . . . . 4 g
    Grasa saturada . . . . . 1.4 g
Colesterol . . . . 57 mg
Sodio . . . . 642 mg
Carbohidrato total . . . 22 g
    Fibra dietética . . . . 3 g
    Azúcares . . . . 6 g
Proteína . . . . 7 g

"Puedes sustituir otros tipos de queso si lo deseas, y si quieres puedes servirlo "desnudo". Solamente omite la salsa de espagueti".

Bolitas de Carne Picante y Glaseada

Porción: 3 bolitas, Total: 8 Porciones

1 libra de pechuga de pavo molida, extra magra

1 cebolla pequeña, finamente picada

1/2 pimentón verde mediano, finamente picado

1/4 taza de cereal de trigo desmenuzado, bien molido

2 claras de huevo

1/2 cucharadita de ajo en polvo

1/4 cucharadita de pimienta roja molida

1/2 cucharadita de sal

1/4 cucharadita de pimienta negra molida

1 cucharada de aceite de canola

1/4 taza de jalea de jalapeño, derretida

1 En un tazón mediano, combinar el pavo, la cebolla, el pimentón, el cereal, las claras de huevo, el ajo en polvo, la pimienta roja, la sal y la pimienta negra. Hacer 24 bolitas de 1 pulgada cada una.

2 Calentar el aceite en una sartén grande sobre fuego medio. Agregar las bolitas, tapar y cocinar por 8 a 10 minutos, o hasta que no se vea nada de rosado, revolviendo de vez en cuando hasta que estén doradas en todos los lados.

3 En un tazón grande, combinar las bolitas y la jalea de jalapeño derretida, dando vuelta para cubrirlas completamente. Servir de inmediato poniendo individualmente en platos, si es bocadillo, o en un platón con palillos de dientes si se va a servir como hors d'oeuvre.

Intercambios
1/2 Carbohidrato
2 Carne Muy Magra

Calorías 115
 Calorías de grasa 20
Grasa total . . . . 2 g
 Grasa saturada . . . . . . 0 g
Colesterol . . . . 35 mg
Sodio . . . . 200 mg
Carbohidrato total . . . . 8 g
 Fibra dietética . . . . 0 g
 Azúcares . . . . 6 g
Proteína . . . . 15 g

¿Sabías que ...

existe una diferencia entre pechuga de pavo molida y pavo molido regular? La pechuga de pavo generalmente tiene menos grasa y colesterol. Por lo tanto debes leer la etiqueta del paquete cuidadosamente antes de decidir cuál vas a comprar.

Tiras de Pollo con Cebolla

Porción: 3 tiras, Total: 8 Porciones

1 taza de migas de copos de maíz

1 cucharada de cebolla seca picada, en copos

1/2 taza de salsa picante cayenne

1 1/2 libras de pechuga de pollo despellejado y deshuesado, cortado en 24 tiras

Aceite en spray

1 Precalentar el horno a 450°F. Rociar dos bandejas de hornear con aceite en spray.

2 Mezclar juntas las migas de copos de maíz y la cebolla picada y poner en un plato llano. Poner la salsa picante en su propio plato llano. Pasar los pedazos de pollo por la salsa picante y después por la mezcla de copos de maíz, cubriendo cada pedazo de pollo completamente.

3 Poner los pedazos de pollo en la bandeja de hornear y rociar la parte de arriba del pollo con el aceite en spray. Hornear por 10 a 12 minutos o hasta que no quede nada de rosado en el pollo. Servir de inmediato.

Intercambios

1/2 Fécula
3 Carne Muy Magra

Calorías 142
  Calorías de grasa 19
Grasa total . . . . 2 g
  Grasa saturada . . . . . 0.6 g
Colesterol . . . . 49 mg
Sodio . . . . 250 mg
Carbohidrato total . . . 10 g
  Fibra dietética . . . . 0 g
  Azúcares . . . . 1 g
Proteína . . . . 19 g

"No hay duda. Esta es la comida perfecta para picar, con mucho sabor, cuando tú y tus amigos se reúnen para ver un juego en la televisión. ¡Pero límpiate bien las manos antes de tomar el control remoto!"

"Costillitas" de Pollo

Porción: 2 1/2 onzas (3 a 4 pedazos), Total: 12 Porciones

1 lata (10 1/2 onzas) de caldo de carne de res condensado

1/4 taza de ketchup

1/4 taza de miel de abeja

1/4 taza de salsa de soya tipo "lite"

4 dientes de ajo, finamente picados

1/8 cucharadita de extracto de colorante rojo para comida

2 libras de muslo de pollo, deshuesado, despellejado y cortado en tiras

1 En un tazón grande, combinar todos los ingredientes. Tapar y poner en la refrigeradora durante toda una noche, o por al menos 4 horas.

2 Precalentar el horno a 450°F. Cubrir una bandeja de hornear con bordes con papel aluminio. Poner las tiras de pollo en la bandeja de hornear, botando la salsa de marinar que queda.

3 Hornear por 10 minutos, darlas vuelta y hornear por 8 a 10 minutos más, o hasta que no quede nada de rosado en el pollo y esté glaseado. Servir de inmediato.

Intercambios

3 Carne Muy Magra

Calorías 106
  Calorías de grasa 18
Grasa total . . . . 2 g
  Grasa saturada . . . . . . 1 g
Colesterol . . . . 46 mg
Sodio . . . . 214 mg
Carbohidrato total . . . . 4 g
  Fibra dietética . . . . . . 0 g
  Azúcares . . . . 4 g
Proteína . . . . 17 g

Almejas al Casino

1/4 libra de tocino crudo

1/2 pimentón rojo pequeño, cortado gruesamente

2 dientes de ajo

1/4 taza de migas de pan de sabor italiano

1 cucharadita de queso Parmesano rallado

2 docenas de almejas "littleneck"

1. En un procesador, equipado con su cortador de metal, combinar el tocino, el pimentón y el ajo; procesar hasta que esté suave y liso. Agregar las migas de pan y el queso y continuar procesando hasta que esté completamente mezclado y se mantenga todo junto; poner a un lado.

2. En una olla grande, poner a hervir dos pulgadas de agua. Colocar las almejas en el agua hirviendo. Tapar la olla y cocinar por 5 a 6 minutos, o hasta que las almejas estén abiertas. Colocar las almejas en un platón. **Botar las almejas que no se hayan abierto.**

3. Precalentar la parrilla. Quitar las conchas de arriba de las almejas y botarlas, manteniendo las almejas en las conchas de abajo. Dividir la mezcla de pan en partes iguales y untarla sobre las almejas, cubriéndolas completamente. Poner en una bandeja de hornear por 4 a 6 minutos, o hasta que la parte de arriba esté completamente cocida.

Intercambios
1/2 Fécula
2 Carne Muy Magra
1/2 Grasa

Calorías 112
   Calorías de grasa . . . 32
Grasa total . . . . 4 g
   Grasa saturada . . . . . 1.1 g
Colesterol . . . . 33 mg
Sodio . . . . 258 mg
Carbohidrato total . . . . 6 g
   Fibra dietética . . . . 0 g
   Azúcares . . . . 2 g
Proteína . . . . 13 g

¡Bueno para ti!

¿Estás buscando halagos?
No solamente estarán tus invitados
pidiéndote más de este apetitoso plato, sino
que las almejas (y los mejillones también) son
muy nutritivas y no contienen prácticamente nada de grasa saturada.

Camarones Dulces y Picantes

2 cucharadas de miel de abeja

1 cucharada de mostaza amarilla

1/2 cucharada de cebolla picada seca

1/4 cucharadita de jengibre en polvo

1 cucharada de mantequilla

1 libra de camarones grandes (24 a 30 camarones), pelados y desvenados

2 cucharadas de perejil fresco picado

1 En un tazón pequeño, combinar la miel, la mostaza, la cebolla y el jengibre; mezclar bien y poner a un lado.

2 En una sartén grande, derretir la mantequilla sobre fuego lento y sofreír los camarones por 1 a 2 minutos. Agregar la mezcla de miel y mostaza a los camarones, revolviendo hasta que los camarones estén rosados y la salsa esté completamente caliente.

3 Adornar con el perejil picado y servir de inmediato.

Intercambios

1/2 Carbohidrato
2 Carne Muy Magra

Calorías 95
Calorías de grasa 23
Grasa total . . . . 3 g
Grasa saturada . . . . 1 g
Colesterol . . . . 112 mg
Sodio . . . . 174 mg
Carbohidrato total . . . . 6 g
Fibra dietética . . . . 0 g
Azúcares . . . . 6 g
Proteína . . . . 12 g

"Cuando compres los camarones para esta receta, debes asegurarte de comprar los que estén completos con cola y todo. Así te aseguras de poder utilizar las colas como agarraderos. Inteligente, ¿no?"

Champiñones Rellenos

16 champiñones grandes (aproximadamente 1 libra)

1/2 cebolla pequeña, finamente picada

1/4 taza de pistachos sin sal, picados gruesamente

1 cucharada de aceite de canola

1/3 taza de "pretzels" machacados

2 cucharadas de crema agria sin grasa

2 cucharadas de perejil fresco picado

1/4 cucharadita de pimienta negra molida

Pizca de salsa picante tipo Tabasco (opcional)

1 Precalentar el horno a 350°F. Quitar los tallos a los champiñones; cortar los tallos finamente.

2 En una sartén grande, sofreír los tallos picados, la cebolla y los pistachos en el aceite sobre fuego lento por 2 a 4 minutos, o hasta que los tallos estén tiernos. Quitar la sartén del fuego y añadir el resto de los ingredientes; mezclar bien.

3 Llenar cada champiñón con la mezcla y ponerlos en una bandeja grande de hornear con bordes, sin rociarla con aceite en spray. Hornear por 20 a 25 minutos, o hasta que los champiñones estén tiernos.

¡Bueno para ti!

Esta receta nos ofrece una doble dosis de algo bueno, ya que los champiñones son bajos en grasa y sin embargo llenos de fibra y proteína, y los pistachos contienen grasa monoinsaturada, la que ayuda a evitar las acumulaciones de colesterol.

Intercambios
1/2 Carbohidrato
1/2 Grasa

Calorías 69
  Calorías de grasa 35
Grasa total . . . . 4 g
  Grasa saturada . . . . . 0.4 g
Colesterol . . . . 0 mg
Sodio . . . . 45 mg
Carbohidrato total . . . . 7 g
  Fibra dietética . . . . 1 g
  Azúcares . . . . 2 g
Proteína . . . . 3 g

Tostaditas de Pita de Ajo

Porción: 6 triángulos, Total: 16 Porciones

6 rebanadas de pan de pita de trigo integral, de 6 pulgadas cada uno

Aceite vegetal en spray

2 cucharadas de ajo en polvo

1 Precalentar el horno a 350°F. Cortar cada pita en 8 pedazos iguales en forma de cuña. Separar cada pedazo en dos pedazos más en forma de cuña.

2 Rociar ambos lados de cada pedazo con el aceite vegetal en spray. Ponerlos separadamente en una bandeja de hornear. Espolvorear con polvo de ajo. Hornear por 15 minutos, o hasta que estén dorados y tostados.

3 Dejar que las tostadas se enfríen; servir de inmediato, o guardar en un recipiente herméticamente cerrado hasta que lo vayas a utilizar.

Intercambios

1 Fécula

Calorías	56
Calorías de grasa	5
Grasa total	1 g
Grasa saturada	0 g
Colesterol	0 mg
Sodio	49 mg
Carbohidrato total	12 g
Fibra dietética	1 g
Azúcares	1 g
Proteína	2 g

"¡Decisiones, decisiones! Prueba estas tostaditas con el Dip de Espinaca con Queso Parmesano (pág. 15), Dip de Pimentones Rojos Asados (pág. 16), o "Hummus" para Amantes de Ajo (pág. 18). A mí me gustan todos, por lo tanto los como alternándolos".

Bruschetta Estilo "Bistro"

Porción: 1 rebanada, Total: 12 Porciones

1/4 taza de aceite de oliva

1 1/4 cucharadita de ajo en polvo

1 hogaza de pan italiano o francés (16 onzas) cortada en rebanadas de 1 pulgada

8 tomates ciruelas, sin semillas y picados

1/4 taza de albahaca fresca picada

1/2 cebolla roja pequeña, finamente picada

Sal al gusto

1/4 cucharadita de pimienta negra molida

1 Precalentar el horno a 400°F. En un tazón grande, combinar el aceite y el ajo en polvo; mezclar bien y poner a un lado dos cucharadas de la mezcla.

2 Pincelar la parte de arriba de las rebanadas de pan con la mezcla restante y poner cada rebanada en una bandeja de hornear. Hornear por 8 a 10 minutos, o hasta que estén doradas. Mientras tanto, combinar en el mismo tazón los ingredientes que faltan con la mezcla que se puso a un lado.

3 Untar la mezcla de tomate y cebolla sobre las rebanadas de pan tostadas y servir.

Intercambios

1 1/2 Fécula
1/2 Grasa

Calorías 137
Calorías de grasa 38
Grasa total . . . . 4 g
Grasa saturada . . . . 1 g
Colesterol . . . . 0 mg
Sodio . . . . 230 mg
Carbohidrato total . . . 21 g
Fibra dietética . . . . 1 g
Azúcares . . . . 1 g
Proteína . . . . 4 g

"Estos bocadillos italianos tentadores son difíciles de resistir, y lo mejor de todo es que ¡los podemos tener listos en 10 minutos!"

Ensaladas en Cualquier Momento

Ensalada de Taco en Capas

Porción: 1/12 de la receta, Total: 12 Porciones

1 libra de carne de res molida extra magra

1 paquete (1 1/4 onzas) de sazón para tacos, seco

1 cabeza de lechuga "iceberg" mediana, cortada (cerca de 8 tazas)

3/4 taza (3 onzas) de queso "cheddar", reducido en grasa, rallado

1 lata (16 onzas) de frijoles rojos, enjuagados y escurridos

2 tomates grandes, picados (aproximadamente 2 tazas)

1 bolsa (8 onzas) de chips de tortilla horneados, desmenuzados

1 taza (8 onzas) de aderezo "French" para ensaladas, bajo en grasa y de tipo dulce y picante ("sweet and spicy")

1 En una sartén mediana, dorar la carne añadiendo la sazón para tacos, revolviendo para desmenuzar la carne; escurrir y dejar enfriar.

2 En un tazón de servir, poner la mitad de la lechuga y después el queso, los frijoles, la carne molida y los tomates, en forma de capas. Repetir una vez más las capas y poner los chips de tortilla encima. Un poco antes de servir, salpicar con el aderezo de ensalada y mezclar para cubrir bien todos los ingredientes.

Intercambios

2 Fécula
1 Vegetal
1 Carne Magra
1/2 Grasa

Calorías 230
  Calorías de grasa 62
Grasa total . . . . 7 g
  Grasa saturada . . . . . 2.4 g
Colesterol . . . . 28 mg
Sodio . . . . 643 mg
Carbohidrato total . . . 32 g
  Fibra dietética . . . . 4 g
  Azúcares . . . . 5 g
Proteína . . . . 15 g

"¡Esta ensalada no solamente es deliciosa, sino que también se ve bien! Sugiero servirla en un tazón transparente o envase de servir claro para que todos puedan apreciar sus capas de distintos colores".

Ensalada de Pollo con Frutas

Porción: 1/4 de la receta, Total: 4 Porciones

1 paquete (4 onzas) de verduras de ensalada

2 tazas de pechuga de pollo cocida, cortada en trozos

2 cebollinos, finamente picadas

1 taza de fresas rebanadas

1 lata (15 onzas) de melocotón rebanado sin azúcar, escurrido (reservar el líquido)

3 cucharadas de conserva de melocotón, sin azúcar

1 cucharada de vinagre de vino tinto

1 cucharadita de mostaza amarilla

1/8 cucharadita de pimienta negra molida

1 En una ensaladera grande, combinar las verduras de ensalada, el pollo, los cebollinos, las fresas y el melocotón.

2 En un tazón pequeño, combinar 1/3 taza del líquido de melocotón reservado, la conserva de melocotón, el vinagre, la mostaza y la pimienta; mezclar bien. Verter sobre la ensalada y mezclar. Servir de inmediato.

Intercambios
3 Carne Muy Magra
1 1/2 Fruta

Calorías 202
  Calorías de grasa 25
Grasa total . . . . 3 g
  Grasa saturada . . . . . . 1 g
Colesterol . . . . 60 mg
Sodio . . . . 84 mg
Carbohidrato total . . . 21 g
  Fibra dietética . . . . . . 3 g
  Azúcares . . . . 16 g
Proteína . . . . 23 g

"Fíjate los colores de todos estos ingredientes. Las frutas y las verduras frescas contienen una gran cantidad de azúcares naturales, por ende ¡aquí logramos utilizarlos para nuestra ventaja! Este plato principal de ensalada puede satisfacer nuestro deseo de algo dulce sin sentir culpa. No está malo, ¿verdad?"

Ensalada de Habichuelas Verdes con Tomate

Porción: 1 taza, Total: 6 Porciones

1 libra de habichuelas verdes frescas, limpias y cortadas en dos

1 1/2 cucharadita de sal, dividida

4 tomates maduros grandes, cortados en trozos

1/4 taza de albahaca fresca, picada

2 cucharadas de aceite de oliva, extra virgen

1 cucharada de jugo de limón, fresco

1 Poner las habichuelas en una sartén grande. Agregar 1 cucharada de la sal y suficiente agua para cubrir las habichuelas. Poner a hervir, cubrir y cocinar por 6 a 8 minutos, o hasta que estén tiernas; escurrir bien.

2 Mientras tanto, en una ensaladera, combinar los tomates, la albahaca, el aceite de oliva, el jugo de limón y lo que queda de sal (1/2 cucharadita); mezclar bien. Agregar a las habichuelas y mezclar.

3 Servir a temperatura ambiente, o cubrir y poner en la refrigeradora hasta que lo vayas a servir.

¡Bueno para ti!

Ya que el consumo de verduras es una de las maneras clave para combatir ciertas enfermedades, ¡consume muchas verduras! Únete a la lucha contra enfremedades; ¡esta ensalada de muchos colores es una forma perfecta de empezar!

Intercambios

1 Vegetal
1 Grasa

Calorías 67
Calorías de grasa 39
Grasa total . . . . 4 g
Grasa saturada . . . . 1 g
Colesterol . . . . 0 mg
Sodio . . . . 316 mg
Carbohidrato total . . . . 7 g
Fibra dietética . . . . 3 g
Azúcares . . . . 2 g
Proteína . . . . 2 g

Camarones Fríos con Eneldo

Porción: 1/4 de la receta, Total: 4 Porciones

1 paquete (12 onzas) de camarones cocidos grandes, descongelados

1 cebolla pequeña, finamente rebanada

1 lata (5 onzas) de castañas de agua, rebanadas y escurridas

1/3 taza de aderezo de ensalada italiana, reducido en grasa

2 cucharadas de eneldo fresco, picado

1 cabeza de lechuga "romaine", cortada

2 tomates medianos, cuarteados

1 En un tazón pequeño, combinar los camarones, la cebolla, las castañas, el aderezo de ensalada y el eneldo; mezclar bien. Cubrir y poner en la refrigeradora por 2 horas, o hasta que esté bien frío.

2 Dividir la lechuga en 4 platos, en partes iguales. Poner encima la mezcla de camarones y adornar con los tomates cuarteados. Servir de inmediato.

¡Bueno para ti!

¡Dale un descanso a ese salero! En lugar de sal, haz lo que hacemos con esta receta: utiliza las hierbas frescas para añadir sabor y dar variedad a tus comidas.

Intercambios

3 Carne Muy Magra
2 Vegetal

Calorías 147
  Calorías de grasa 18
Grasa total . . . . 2 g
  Grasa saturada . . . . . . 0 g
Colesterol . . . . 165 mg
Sodio . . . . 504 mg
Carbohidrato total . . . 13 g
  Fibra dietética . . . . . . 4 g
  Azúcares . . . . 6 g
Proteína . . . . 20 g

Ensalada de Espinaca con Mandarinas

Porción: 1/6 de la receta, Total: 6 Porciones

1 lata (11 onzas) de mandarinas, escurridas

1/3 taza de aderezo de ensalada italiano tipo "lite"

1 cucharada de semillas de amapola ("poppy seeds"), si se desea

1 paquete (10 onzas) de espinaca fresca, recortada

3 naranjas frescas, peladas y seccionadas

1 En una licuadora, combinar las mandarinas y el aderezo italiano. Mezclar hasta que esté liso. Añadir las semillas de amapola, si las vas a utilizar.

2 En una ensaladera grande, revolver la espinaca, las secciones de naranja y la mitad del aderezo mezclado. Servir de inmediato.

Nota

Vas a tener el doble de la cantidad del aderezo de lo que necesitas para esta receta. Por lo tanto, tapa y guarda el aderezo en la refrigeradora y estará listo para preparar otra ensalada en cualquier momento durante las próximas semanas.

Intercambios

1 Fruta

Calorías 51
  Calorías de grasa 4
Grasa total . . . . 0 g
  Grasa saturada . . . . 0 g
Colesterol . . . . 0 mg
Sodio . . . . 140 mg
Carbohidrato total . . . 11 g
  Fibra dietética . . . . 3 g
  Azúcares . . . . 7 g
Proteína . . . . 2 g

Ensalada de Repollo con Ajonjolí

Porción: 1/12 de la receta, Total: 12 Porciones

1 cucharada de aceite de maní

1/4 taza de semillas de ajonjolí

4 dientes de ajo, finamente picados

2 cucharadas de salsa de soya

2 cucharadas de vinagre blanco

3 cucharadas de azúcar

1/4 taza de aceite de canola

1 cabeza de repollo Napa o Chino, lavado y cortado en pedazos listos para comer

1 En una cacerola mediana, calentar el aceite de maní a fuego medio. Agregar las semillas de ajonjolí y sofreír por 3 a 5 minutos, hasta que las semillas estén doradas.

2 Reducir el fuego a medio-bajo; agregar la salsa de soya, el vinagre, el azúcar y el aceite de canola y cocinar por 2 minutos más.

3 Poner el repollo en un tazón grande y agregar el aderezo tibio, mezclando completamente. Servir de inmediato (ver abajo).

Intercambios

1/2 Fécula
1 Grasa

Calorías 89
  Calorías de grasa 67
Grasa total . . . . 7 g
  Grasa saturada . . . . 1 g
Colesterol . . . . 0 mg
Sodio . . . . 175 mg
Carbohidrato total . . . . 5 g
  Fibra dietética . . . . 1 g
  Azúcares . . . . 4 g
Proteína . . . . 1 g

"Este aderezo es muy bueno si se sirve caliente, de modo que originalmente habíamos planeado servir esta receta como una ensalada caliente, pero nos dimos cuenta de que también es buena fría. Por eso, puedes comerla de una u otra manera . . . ¡o de ambas maneras!"

Pepino Crujiente Rápido

Porción: 1/2 taza, Total: 8 Porciones

2 pepinos grandes, pelados y rebanados

1 cucharadita de sal

3 tazas de agua fría

4 cebollinos, finamente picados

1/2 pimentón verde pequeño, picado

1/4 taza de crema agria reducida en grasa

1 cucharada de vinagre blanco

1 cucharada de azúcar

1/8 cucharadita de pimienta negra molida

1 En un tazón grande, combinar los pepinos, la sal y el agua fría. Cubrir y poner en la refrigeradora por 1 hora; después escurrir y dejar en el tazón.

2 Agregar los ingredientes que quedan y mezclar hasta que estén bien combinados. Cubrir y poner en la refrigeradora por al menos 2 horas antes de que lo vayas a servir.

¿Sabías que ...

remojar pepinos en agua fría salada los hace más crujientes?

Intercambios
1 Vegetal

Calorías 30
   Calorías de grasa 7
Grasa total . . . . 1 g
   Grasa saturada . . . . 0 g
Colesterol . . . . 2 mg
Sodio . . . . 104 mg
Carbohidrato total . . . . 5 g
   Fibra dietética . . . . 1 g
   Azúcares . . . . 4 g
Proteína . . . . 1 g

Tomates en Pilas Perfectas

Porción: 1 tomate, Total: 4 Porciones

4 tomates maduros grandes

1 paquete (4 onzas) de verduras tiernas mixtas ("mixed baby greens")

1/2 taza de aderezo de ensalada de vinagre balsámico, dividido

1/4 taza de queso tipo Roquefort, desmenuzado

1 Cortar una rebanada fina de la parte inferior de cada tomate para poder mantenerlo parado; botar estas rebanadas o guardarlas para otro uso. Cortar cada tomate en 5 rebanadas horizontales, manteniéndolas juntas.

2 En un tazón pequeño, combinar las verduras, 1/4 taza del aderezo y el queso Roquefort; mezclar bien. Poner las rebanadas de las partes inferiores de los tomates sobre un plato de servir. Utilizando 1/4 de la mezcla de ensalada, cubrir cada rebanada con partes iguales de la mezcla.

3 Repetir con cada rebanada de tomate, tres veces más, terminando con la parte superior de cada tomate. Salpicar el resto del aderezo (1/4 taza) sobre la parte superior de los tomates y servir.

Intercambios

1/2 Carbohidrato
2 Vegetal

Calorías 88
  Calorías de grasa 24
Grasa total . . . . 3 g
  Grasa saturada . . . . 1 g
Colesterol . . . . 5 mg
Sodio . . . . 120 mg
Carbohidrato total . . . 16 g
  Fibra dietética . . . . 2 g
  Azúcares . . . . 10 g
Proteína . . . . 3 g

"Sonríe, porque vas a querer tomar una foto de este platillo. Además, para cambiar de ritmo, añades pollo o camarones cocidos a la mezcla de las verduras (antes de agregarla a los tomates) para hacerla aun más completa. También puedes añadir un poco más de queso tipo Roquefort".

Ensalada "Tokyo"

Porción: 1/6 de la receta, Total: 6 Porciones

1/4 taza de aceite de maní

2 cucharadas de vinagre blanco

2 cucharadas de agua

1 cucharada de salsa de soya

1 cucharadita de jugo de limón

1 cucharada de ketchup

1 cucharadita de jengibre molido

1 cucharadita de azúcar

1/4 cucharadita de pimienta negra molida

1/4 taza de cebolla picada

1 paquete (10 onzas) de espinaca fresca, recortada

1 paquete (8 onzas) de hongos frescos, en rebanadas

1 En una licuadora o procesador de alimentos, combinar todos los ingredientes menos la espinaca y los hongos; mezclar hasta que esté liso.

2 En una ensaladera grande, combinar la espinaca, los hongos y el aderezo preparado para la ensalada; mezclar bien y servir.

Intercambios
1 Vegetal
2 Grasa

Calorías 107
 Calorías de grasa 84
Grasa total . . . . 9 g
 Grasa saturada . . . . 2 g
Colesterol . . . . 0 mg
Sodio . . . . 239 mg
Carbohidrato total . . . . 5 g
 Fibra dietética . . . . 2 g
 Azúcares . . . . 2 g
Proteína . . . . 2 g

"En vez de comer esta ensalada con un tenedor, ¿por qué no pruebas la forma asiática de palillos chinos? Si no tienes éxito, utiliza el tenedor. ¡Por lo menos te habrás divertido tratando de usarlos!"

Ensalada "Deli Kabob"

4 rebanadas (1/4 libra) de pavo estilo "deli", bajo en sodio

4 rebanadas (1/4 libra) de jamón estilo "deli", bajo en sodio

4 rebanadas (2 onzas) de queso Suizo o Cheddar amarillo, reducido en grasa

4 rebanadas (1/4 libra) de carne de res asada estilo "deli"

1 cabeza de lechuga pequeña, cortada en 12 trozos

1 tomate grande, cortado en 12 trozos

6 palitos para brocheta de 10 pulgadas c/u

1 Poner el pavo en una tabla de cocinar y agregar encima las rebanadas de jamón, de queso y de carne de res asada. Empezando en la parte más angosta, enrollar lo más apretado que puedas, en forma de un bizcocho enrollado, y cortar cada rollo en tres partes iguales.

2 Poner los rollos y los trozos de lechuga y de tomate en los palitos, alternando entre sí. Servir de inmediato o tapar y poner en la refrigeradora hasta que la vayas a servir. Antes de servir, rociar con tu aderezo de ensalada favorito.

Intercambios

1 Vegetal
2 Carne Muy Magra

Calorías 109	
Calorías de grasa 24	
Grasa total . . . . 3 g	
Grasa saturada . . . . . 1.2 g	
Colesterol . . . . 36 mg	
Sodio . . . . 373 mg	
Carbohidrato total . . . . 3 g	
Fibra dietética . . . . . . 1 g	
Azúcares . . . . 2 g	
Proteína . . . . 17 g	

"¿Cuándo un emparedado no es un emparedado? Cuando se sirve sin pan y en un palito. Este platillo sin pan seguramente se convertirá en un favorito tuyo, y también de otros, ya que hoy en día muchos de nosotros contamos nuestros carbohidratos".

Ensalada "Waldorf"

Porción: 3/4 taza, Total: 8 Porciones

2 cucharaditas de jugo de limón

1/2 taza de mayonesa tipo "lite"

2 tallos de apio, picados

1 taza de uvas rojas sin semillas, cortadas en dos

4 manzanas "MacIntosh" sin semillas y cortadas en trozos de 1 pulgada

2 cucharadas de nueces picadas

1 En un tazón grande, batir el jugo de limón y la mayonesa hasta que estén bien mezclados.

2 Agregar los ingredientes restantes menos las nueces y revolver para cubrirlos. Tapar y poner en la refrigeradora por al menos 1 hora antes de servirla.

3 Un poco antes de servirla, esparcir las nueces por encima.

Intercambios

1 Fruta
1 Grasa

Calorías 119
   Calorías de grasa 58
Grasa total . . . . 6 g
   Grasa saturada . . . . 1 g
Colesterol . . . . 5 mg
Sodio . . . . 130 mg
Carbohidrato total . . . 16 g
   Fibra dietética . . . . 2 g
   Azúcares . . . . 12 g
Proteína . . . . 1 g

"La fruta fresca era siempre una parte importante de mi plan de comidas, especialmente durante los primeros días de mi participación en concursos de belleza, antes de que me diagnosticaron diabetes. Ahora que controlo lo que como por una razón muy diferente, las recetas de este tipo son un verdadero placer, ya que me permiten gozar de las frutas frescas en una combinación interesante".

Sopas Deliciosas

Crema de Tomate Roma

Porción: 1 taza, Total: 7 Porciones

2 latas (28 onzas c/u) de tomates triturados

1 cucharada de azúcar

1 cucharada de albahaca fresca picada o albahaca seca

1/2 cucharadita de ajo en polvo

1 cucharadita de pimienta negra molida

1 lata (12 onzas) de leche evaporada, baja en grasa

1 En una olla sopera, combinar los tomates, el azúcar, la albahaca, el ajo en polvo y la pimienta; cocinar a fuego medio, revolviendo de vez en cuando.

2 Reducir el fuego a bajo y agregar lentamente la leche evaporada. Cocinar a fuego bajo por 4 a 5 minutos, o hasta que esté completamente caliente; no dejar hervir.

Toque Final

¡Una hoja o ramita de albahaca sobre un poquito de crema agria sin grasa como aderezo le dará el toque final a cada porción!

Intercambios
2 Carbohidrato

Calorías 143
  Calorías de grasa 4
Grasa total . . . . 0 g
  Grasa saturada . . . . 0 g
Colesterol . . . . 0 mg
Sodio . . . . 700 mg
Carbohidrato total . . . 27 g
  Fibra dietética . . . . 5 g
  Azúcares . . . . 18 g
Proteína . . . . 8 g

Sopa de Frijoles

1 cucharadita de aceite de oliva

1 libra de chorizo de pavo italiano, envoltura removida (ver la "Nota")

1 cebolla pequeña, picada

2 dientes de ajo, finamente picados

3 latas (15 1/2 onzas c/u) de frijoles "Great Northern"

2 latas (14 1/2 onzas c/u) de caldo de pollo reducido en sodio y listo para usar

1 lata (14 1/2 onzas) de tomates en cubitos

1 cucharadita de albahaca seca

1/2 cucharadita de pimienta negra molida

1 En una olla sopera grande, calentar el aceite sobre fuego medio-alto. Agregar el chorizo, la cebolla y el ajo en polvo y cocinar por 5 a 6 minutos, o hasta que no se vea nada de rosado en los chorizo, revolviendo constantemente para separarlo.

2 Agregar los ingredientes que faltan y dejar hervir. Reducir el fuego a bajo y cocinar, sin tapar, por 30 minutos.

Intercambios
2 Fécula
2 Carne Muy Magra

Calorías 226
  Calorías de grasa 39
Grasa total . . . . 4 g
  Grasa saturada . . . . 2 g
Colesterol . . . . 32 mg
Sodio . . . . 958 mg
Carbohidrato total . . . 30 g
  Fibra dietética . . . . 6 g
  Azúcares . . . . 5 g
Proteína . . . . 17 g

Nota

A algunos les gusta picante, a otros no. Si quieres bajar un poco lo picante, simplemente utiliza chorizos que no sean tan picantes.

Sopa de Cebolla Estilo "Bistro"

Porción: 1 taza, Total: 5 Porciones

4 cebollas medianas, finamente picadas

2 latas (14 1/2 onzas c/u) de caldo de carne de res, listo para usar

2 tazas de agua

1/4 taza de vino tinto

1/2 cucharadita de pimienta negra molida

1/4 taza de queso Parmesano rallado

6 rebanadas de pan francés, tostadas

1 Rociar una olla sopera con aceite en spray. Agregar la cebolla y sofreír sobre fuego lento por 12 a 15 minutos, o hasta que esté dorada.

2 Agregar el caldo, el agua, el vino y la pimienta; mezclar bien y poner a hervir. Reducir el fuego a bajo y cocinar por 10 minutos. Agregar el queso revolviéndolo y cocinar por 5 a 10 minutos, o hasta que esté completamente mezclado.

3 Servir en tazones de sopa y poner sobre cada porción una rebanada de pan francés tostada.

Intercambios

1 1/2 Fécula
1 Vegetal
1/2 Grasa

Calorías 171
  Calorías de grasa 36
Grasa total . . . . 4 g
  Grasa saturada . . . . 1 g
Colesterol . . . . 8 mg
Sodio . . . . 945 mg
Carbohidrato total . . . 26 g
  Fibra dietética . . . . 3 g
  Azúcares . . . . 8 g
Proteína . . . . 8 g

"Si deseas lograr el coronamiento de queso tradicional, agrega queso provolone o mozzarrella bajo en grasa encima de cada rebanada de pan francés y ponlo a la parrilla o en un horno tostador hasta que el queso se derrita. Pon el pan cuidadosamente sobre cada porción servida".

Sopa de Hongos con Cebada

6 tazas de agua

2 latas (10 1/2 onzas c/u) de caldo de carne de res

1 corte de carne de res tipo "beef top round" de 1 libra, cortada en trozos de 1/2 pulgada

2 cebollas grandes, picadas

1/2 libra de hongos frescos rebanados

4 zanahorias medianas, peladas y rebanadas

1 taza (14 1/2 onzas) de tomate en cubitos, escurrida

3/4 cucharadita de pimienta negra molida

1 taza de cebada perla, de cocción rápida

1 En una olla sopera, combinar todos los ingredientes menos la cebada; tapar y poner a hervir sobre fuego alto. Reducir el fuego a bajo y cocinar, tapada, por 20 minutos, revolviendo de vez en cuando.

2 Agregar la cebada y cocinar, tapada, por 15 a 20 minutos más, o hasta que la cebada esté tierna.

Intercambios

1/2 Fécula
1 Carne Muy Magra
1 Vegetal

Calorías 98
  Calorías de grasa 12
Grasa total . . . . 1 g
  Grasa saturada . . . . 0 g
Colesterol . . . . 16 mg
Sodio . . . . 213 mg
Carbohidrato total . . . 14 g
  Fibra dietética . . . . 2 g
  Azúcares . . . . 4 g
Proteína . . . . 9 g

"Penicilina Judía"
(o Sopa de Pollo Casera)

Porción: 1 taza, Total: 10 Porciones

1 pollo de 3 libras, cortado en 8 pedazos

8 tazas de agua fría

4 zanahorias, cortadas en trozos de 1 pulgada

3 tallos de apio, cortados en trozos de 1 pulgada

2 cebollas medianas, cortadas en trozos de 1 pulgada

1 cucharadita de sal

1 1/2 cucharaditas de pimienta negra molida

1 En un olla sopera, poner a hervir todos los ingredientes sobre fuego alto. Reducir el fuego a bajo, tapar y cocinar por 2 horas y media a 3 horas, o hasta que al pollo se le caiga la carne de los huesos.

2 Utilizando unas tenazas, sacar el pollo de la sopa y dejarlo enfriar. Quitar todos los huesos y el pellejo; cortar el pollo en trozos pequeños y volver a ponerlo en la olla.

Intercambios
2 Carne Muy Magra
1 Vegetal

Calorías 113
  Calorías de grasa 30
Grasa total . . . . 3 g
  Grasa saturada . . . . 1 g
Colesterol . . . . 39 mg
Sodio . . . . 297 mg
Carbohidrato total . . . . 7 g
  Fibra dietética . . . . 2 g
  Azúcares . . . . 4 g
Proteína . . . . 14 g

"¡Créelo! Muchos doctores dicen que la sopa de pollo puede ayudar a curar un resfriado común. Y aun cuando no suframos de un resfriado, podemos gozar de esta sopa según la receta de arriba, o podemos aligerarla un poco quitándole la grasa cuando suba a la superficie, después de que la sopa se enfríe".

Sopa de Almejas a la "Manhattan"

2 rebanadas de tocino crudo, finamente picado

2 tallos de apio, picado

2 zanahorias medianas, picadas

1 cebolla grande, picada

3 papas medianas, peladas y cortadas en cubitos

2 latas (14 1/2 onzas c/u) de tomates en cubitos

2 latas (10 onzas c/u) de almejas tiernas ("baby clams")

2 botellas (8 onzas c/u) de jugo de almejas

1 cucharadita de tomillo seco

1 En una olla sopera, cocinar el tocino por 3 a 5 minutos sobre fuego medio-alto, hasta que esté completamente frito. Agregar el apio, las zanahorias y las cebollas y sofreír por 5 a 7 minutos, o hasta que la cebolla esté tierna, revolviendo frecuentemente.

2 Agregar los ingredientes que faltan, tapar y poner a hervir. Reducir el fuego a bajo y cocinar, tapada, por 45 a 55 minutos o hasta que las papas estén tiernas.

Intercambios
1 Fécula
1 Carne Magra

Calorías 133
  Calorías de grasa 31
Grasa total . . . . 3 g
  Grasa saturada . . . . 1 g
Colesterol . . . . 22 mg
Sodio . . . . 407 mg
Carbohidrato total . . . 17 g
  Fibra dietética . . . . 3 g
  Azúcares . . . . 7 g
Proteína . . . . 9 g

"Las sopas en lata generalmente contienen mucho sodio, por lo tanto, ¡¿qué mejor razón para probar esta versión en nuestras propias cocinas?!"

Estofado de Mariscos de Bahía

Porción: 1 taza, Total: 8 Porciones

1/2 libra de hongos frescos, rebanados

2 cebollas medianas, finamente picadas

4 dientes de ajo, finamente picados

1 lata (28 onzas) de tomates enteros, cortados en cuartos

1/2 taza de vino blanco seco

2 cucharadas de albahaca fresca, picada

3/4 cucharadita de pimienta negra molida

1 libra de filetes de bacalao, cortados en trozos de 2 pulgadas

1/2 libra de callos de hacha (vieira de bahía)

1/2 libra de camarones grandes, pelados y desvenados, dejando las colas

1 Rociar una olla sopera de 6 cuartos con aceite en spray y calentar sobre fuego alto. Agregar los hongos, la cebolla y el ajo y cocinar por 4 a 6 minutos, o hasta que las verduras estén tiernas, revolviendo frecuentemente. Añadir los tomates, el vino, la albahaca y la pimienta y dejar hervir.

2 Reducir el fuego a bajo, tapar y cocinar por 20 minutos. Destapar, subir el fuego a alto y dejar hervir.

3 Agregar el bacalao y cocinar por 5 minutos. Agregar los callos y los camarones y cocinar por 3 minutos, o hasta que el bacalao se separe fácilmente con un tenedor y los camarones estén rosados y completamente cocidos, revolviendo de vez en cuando.

Intercambios
3 Carne Muy Magra
2 Vegetal

Calorías 144
  Calorías de grasa 13
Grasa total . . . . 1 g
  Grasa saturada . . . . 0 g
Colesterol . . . . 76 mg
Sodio . . . . 267 mg
Carbohidrato total . . . 10 g
  Fibra dietética . . . . 2 g
  Azúcares . . . . 6 g
Proteína . . . . 22 g

¿Sabías que . . .

pensábamos que las personas con diabetes tenían que dejar de tomar alcohol? Ahora sabemos que siempre y cuando tomamos en cuenta los carbohidratos extra del alcohol en los totales del día, según el plan de comidas, y lo consumimos ocasionalmente y en cantidades moderadas, ¡deberíamos estar bien! (Por supuesto, siempre debemos consultar primero a nuestro médico y/o dietista).

Sopa Italiana de Verduras

Porción: 1 taza, Total: 14 Porciones

2 tazas de agua

2 latas (14 1/2 onzas c/u) de caldo de carne de res, listo para usar

1 lata (15 onzas) de frijoles rojos

2 latas (14 a 16 onzas) de frijoles "canellini"

1 lata (28 onzas) de tomates machacados

1 paquete (10 onzas) de espinaca picada, congelada

1 cebolla pequeña, picada

1 paquete (10 onzas) de vegetales mixtos, congelados

1 cucharadita de ajo en polvo

1/2 cucharadita de pimienta negra molida

1 taza de macarrones crudos

1 En una olla sopera, combinar todos los ingredientes menos los macarrones. Dejar hervir sobre fuego alto y agregar los macarrones.

2 Reducir el fuego a bajo y cocinar por 20 a 30 minutos, o hasta que los macarrones estén tiernos.

Intercambios
1 Fécula
2 Vegetal

Calorías 137
   Calorías de grasa 7
Grasa total . . . . 1 g
   Grasa saturada . . . . 0 g
Colesterol . . . . 1 mg
Sodio . . . . 643 mg
Carbohidrato total . . . 26 g
   Fibra dietética . . . . 5 g
   Azúcares . . . . 6 g
Proteína . . . . 8 g

"Goza del buen sabor del queso Parmesano. Sí, con los quesos de sabor fuerte, un poquito alarga mucho. Pon un poco de queso Parmesano rallado sobre esta sopa—y otras comidas—unos minutos antes de servirlas".

Gazpacho Frío Picante

1 lata (14 1/2 onzas) de tomates en cubitos, escurridos

1 lata (46 onzas) de jugo de tomate sin sal

1 pepino grande, pelado, sin semillas y cortado en cubitos

1 pimentón verde mediano, cortado en cubitos

5 cebollinos, finamente picados

3 dientes de ajo, finamente picados

1/3 taza de vinagre blanco

1 cucharada de aceite de oliva

2 cucharaditas de salsa "Worcestershire"

1/2 cucharadita de salsa picante tipo Tabasco

1 En una olla sopera, combinar todos los ingredientes y mezclar bien.

2 Tapar y poner en la refrigeradora por al menos 4 horas antes de servir.

Intercambios
2 Vegetal

Calorías 55
  Calorías de grasa 13
Grasa total . . . . 1 g
  Grasa saturada . . . . 0 g
Colesterol . . . . 0 mg
Sodio . . . . 99 mg
Carbohidrato total . . . 11 g
  Fibra dietética . . . . 2 g
  Azúcares . . . . 7 g
Proteína . . . . 2 g

Toque Final

Para darle a esta sopa un toque final, agrega un poco de crema agria baja en grasa a cada porción y adorna con una ramita de eneldo. ¡Es fácil de hacer y se ve fantástico!

Crema de Hongos Espesa y Cremosa

Porción: 1 taza, Total: 5 Porciones

1 libra de hongos frescos, rebanados

2 latas (14 1/2 onzas c/u) de caldo de pollo sin sodio y listo para usar

1/2 cucharadita de cebolla en polvo

1/8 cucharadita de pimienta negra molida

1 taza de leche baja en grasa

5 cucharadas de harina

1/4 cucharadita de salsa para sazonar y dorar

1 Rociar una olla sopera con aceite en spray. Agregar los hongos y sofreír sobre fuego alto por 4 a 5 minutos, o hasta que estén tiernos, revolviendo frecuentemente.

2 Agregar el caldo de pollo, la cebolla en polvo y la pimienta; dejar hervir y reducir el fuego a medio-bajo.

3 En un tazón pequeño, mezclar bien la leche y la harina hasta que estén lisas. Agregar la mezcla a la sopa gradualmente, revolviendo constantemente. Añadir la salsa para sazonar y dorar y cocinar por 5 minutos más, o hasta que se espese.

Intercambios
1 Carbohidrato

Calorías 89
  Calorías de grasa 9
Grasa total . . . . 1 g
  Grasa saturada . . . . 0 g
Colesterol . . . . 2 mg
Sodio . . . . 413 mg
Carbohidrato total . . . 14 g
  Fibra dietética . . . . 1 g
  Azúcares . . . . 4 g
Proteína . . . . 7 g

"¡Esta sopa está lista en un dos por tres! Cuando va de la estufa a la mesa en menos de 30 minutos, ¿cómo NO vamos a encontrar el tiempo para probarla?"

Sopa de Almejas a la "New England"

Porción: 1 taza, Total: 6 Porciones

1 cebolla pequeña, picada

2 latas (6 1/2 onzas c/u) de almejas picadas, sin escurrir

1 botella (8 onzas) de jugo de almejas

1 lata (16 onzas) de caldo de pollo bajo en sodio y listo para usar

1 papa grande, pelada y cortada en cubitos

1/4 cucharadita de pimienta negra molida

1/4 taza de maicena

1 lata (12 onzas) de leche evaporada baja en grasa, dividida

1/4 taza de perejil fresco, picado

1 cucharadita de tomillo seco

1 En una olla sopera, combinar la cebolla, las almejas en su jugo, el jugo de almejas, el caldo de pollo, las papas y la pimienta; tapar y dejar hervir sobre fuego alto. Cocinar, tapado, por 12 a 15 minutos, hasta que las papas se ablanden.

2 En un tazón pequeño, disolver la maicena en 1/2 taza de leche evaporada; agregar la mezcla a la sopa.

3 Agregar el resto de la leche evaporada, el perejil y el tomillo; cocinar por 5 minutos, o hasta que se espese, revolviendo frecuentemente.

Intercambios
1 1/2 Carbohidratos
1 Carne Muy Magra

Calorías 158
Calorías de grasa 8
Grasa total . . . . 1 g
Grasa saturada . . . . 0 g
Colesterol . . . . 25 mg
Sodio . . . . 422 mg
Carbohidrato total . . . 21 g
Fibra dietética . . . . 1 g
Azúcares . . . . 9 g
Proteína . . . . 16 g

"¡Todos a bordo! Esta sopa abundante y espesa me recuerda a la niebla en el puerto de New England y a los pescadores que regresan con su pesca. Con su caldo robusto, es todavía una opción para nosotros cuando utilizamos ingredientes bajos en grasa y sodio para preparar una alternativa más saludable que la versión original".

Sopa de Tortilla Mexicana

Porción: 1 taza, Total: 8 Porciones

1 cucharada de aceite vegetal

1 libra de pechuga de pollo, deshuesada, despellejada y cortada en trozos de 1/2 pulgada

1 pimentón rojo, cortado en trozos

3 dientes de ajo, finamente picados

3 latas (14 1/2 onzas c/u) de caldo de pollo reducido en sodio y listo para usar

1 paquete (10 onzas) de maíz en grano, congelado

1/2 taza de salsa mexicana (pico de gallo)

1/4 taza de cilantro fresco, picado

1 taza de chips de tortilla horneados, desmenuzados

1 En una olla sopera, calentar el aceite sobre fuego medio. Agregar el pollo, el pimentón y el ajo y cocinar por 3 minutos, o hasta que el pollo esté dorado, revolviendo frecuentemente.

2 Agregar el caldo de pollo, el maíz y la salsa; dejar hervir. Reducir el fuego a bajo, tapar y cocinar por 5 minutos, o hasta que no se vea nada de rosado en el pollo.

3 Agregar el cilantro, servir en tazones para sopa y agregar encima los chips de tortilla.

Intercambios

1 Fécula
2 Carne Muy Magra

Calorías 149
 Calorías de grasa 32
Grasa total . . . . 4 g
 Grasa saturada . . . . 0 g
Colesterol . . . . 34 mg
Sodio . . . . 417 mg
Carbohidrato total . . . 13 g
 Fibra dietética . . . . 2 g
 Azúcares . . . . 3 g
Proteína . . . . 16 g

"¿Estás de acuerdo en que esta receta suena bien? Bueno, también se ve bien (ve el platillo terminado en la foto E)".

Recetas de Aves para Chuparse los Dedos

Pastel de Pollo sin Fondo de Masa

Porción: 1/8 de la receta, Total: 8 Porciones

1 lata (10 3/4 onzas) de sopa de crema de pollo condensada, reducida en sodio y 98% libre de grasa

1/4 taza de leche sin grasa

3 tazas de pechuga de pollo cocida, cortada en trozos

1 paquete (16 onzas) de arvejas con zanahorias, descongeladas y escurridas

1/2 cucharadita de pimienta negra molida

1 Calentar el horno a 425°F. En un tazón grande, combinar la sopa, la leche, el pollo y las arvejas con las zanahorias; mezclar bien.

2 Verter la mezcla en una cacerola para hornear pastel de 9 pulgadas. Colocar el pastel en una bandeja de hornear y hornear por 25 a 30 minutos o hasta que esté todo caliente. Colocar en tazones y servir.

Intercambios

1 Carbohidrato
2 Carne Muy Magra

Calorías	159
Calorías de grasa	28
Grasa total	3 g
Grasa saturada	1 g
Colesterol	49 mg
Sodio	263 mg
Carbohidrato total	11 g
Fibra dietética	2 g
Azúcares	4 g
Proteína	9 g

"¿Qué le falta a este pastel? El fondo de masa... y mucho de la grasa. Pero todavía tiene todo lo bueno de un pastel de carne, así que ¿por qué no lo pruebas?

Pollo Asado con Ajo

4 mitades de pechuga de pollo con hueso (casi 8 onzas c/u), sin pellejo

2 cucharadas de aceite de oliva

1/2 cucharadita de orégano seco

1 cucharada de albahaca fresca picada

1/4 cucharadita de sal

1/2 cucharadita de pimienta negra molida

10 dientes de ajo, rebanados

1 Precalentar el horno a 350°F. Colocar el pollo en una cacerola para hornear de 9" × 13"; dejar a un lado.

2 En un tazón pequeño, combinar el aceite, el orégano, la albahaca, la sal y la pimienta; mezclar bien y esparcir sobre el pollo con una brocha de cocina. Salpicar el ajo sobre el pollo.

3 Hornear por 50 a 60 minutos, o hasta que el pollo esté dorado afuera y no tenga nada de rosado adentro, dando vuelta de vez en cuando.

¡Bueno para ti!

Solamente unos cuantos dientes de ajo pueden hacer que un platillo se convierta de aburrido en fantástico. Y experimentando un poco puedes encontrar formas creativas para avivar con hierbas y especias lo que de otra manera podría ser un plato simple, lo que significa que las comidas para diabéticos no tienen que ser aburridas nunca jamás.

Intercambios
5 Carne Magra

Calorías 280
   Calorías de grasa 96
Grasa total . . . . 11 g
   Grasa saturada . . . . 3 g
Colesterol . . . . 110 mg
Sodio . . . . 244 mg
Carbohidrato total . . . . 3 g
   Fibra dietética . . . . 0 g
   Azúcares . . . . 2 g
Proteína . . . . 41 g

Pollo Muy Caliente

Porción: 1 rollo, Total: 6 Porciones

2 cucharadas de aceite de canola, dividido en dos porciones

2 cebollas grandes, cada una cortada en 8 pedazos en forma de cuñas

2 pimentones grandes (1 rojo y 1 verde), cortados en tiras de 1/2 pulgada

1 libra de pechuga de pollo, deshuesado, despellejado y cortado en tiras de 1/4 pulgadas

2 cucharaditas de ajo en polvo

1/4 cucharadita de sal

1/2 cucharadita de pimienta negra molida

Jugo de un limón verde

6 tortillas de 8 pulgadas c/u

1 Calentar 1 cucharada del aceite en una sartén grande sobre fuego medio-alto. Agregar la cebolla y los pimentones y sofreír por 10 a 12 minutos, o hasta que la cebolla esté un poco dorada; poner en un tazón y dejar a un lado.

2 Calentar el resto del aceite (1 cucharada) en la sartén y agregar el pollo, el ajo en polvo, la sal y la pimienta molida. Sofreír por 5 a 6 minutos, o hasta que no quede nada de rosado en el pollo.

3 Agregar las verduras al sartén y cocinar por 3 a 5 minutos, revolviendo de vez en cuando. Verter el jugo de limón sobre el pollo y las verduras; mezclar bien. Dividir la mezcla de pollo en cantidades iguales sobre las tortillas y servir (ver abajo el "Toque Final").

Intercambios

2 Fécula
2 Carne Magra
2 Vegetal
1/2 Grasa

Calorías	334
Calorías de grasa	93
Grasa total	10 g
Grasa saturada	1 g
Colesterol	46 mg
Sodio	375 mg
Carbohidrato total . . .	38 g
Fibra dietética	4 g
Azúcares	5 g
Proteína	22 g

Toque Final

¿Sabes qué va bien con estos rollos? Queso rallado, tomates picados y crema agria baja en grasa. No olvides que la clave es la moderación.

Pollo Agridulce

Porción: 1 taza, Total: 8 Porciones

2 cucharadas de aceite de canola

2 libras de pechuga de pollo, deshuesado, despellejado y cortado en tiras delgadas

1 lata (20 onzas) de trozos de piña en almíbar, escurridos, reservando el jugo

1 lata (8 onzas) de castañas de agua rebanadas, escurridas

1 taza de florecitas de brócoli fresco

1 imentón rojo mediano, cortado en trozos de 3/4 pulgada

2 cucharadas de salsa de soya tipo "lite"

1 cucharada de vinagre blanco

1 cucharada de ketchup

2 cucharadas de maicena

2 cucharadas de azúcar

1 taza de alubias chinas frescas, cortadas

1 Calentar el aceite en una sartén grande o una olla oriental ("wok") sobre fuego alto. Agregar el pollo y sofreír revolviéndolo por 4 a 5 minutos, o hasta que no se vea nada de rosado en el pollo.

2 Agregar los trozos de piña, las castañas de agua, el brócoli y el pimentón. Sofreír por 3 a 4 minutos, o hasta que las verduras estén firmes pero tiernas.

3 En un tazón pequeño, combinar el almíbar de la piña reservado, la salsa de soya, el vinagre, el ketchup, la maicena y el azúcar; mezclar bien. Agregar al sartén y cocinar por 3 minutos. Agregar las alubias chinas y cocinar por 1 minuto, o hasta que la salsa se espese. Servir de inmediato.

Intercambios

1 1/2 Carbohidratos
3 Carne Muy Magra
1 Vegetal
1 Grasa

Calorías 265
  Calorías de grasa 58
Grasa total . . . . 6 g
  Grasa saturada . . . . 1 g
Colesterol . . . . 68 mg
Sodio . . . . 245 mg
Carbohidrato total . . . 25 g
  Fibra dietética . . . . 2 g
  Azúcares . . . . 19 g
Proteína . . . . 26 g

Pasta-Rama a la Johnsons

Porción: 2 tazas, Total: 8 Porciones

1 libra de pasta tricolor enrollada

1 libra de pechuga de pavo magro, molida

1 botella (26 onzas) de salsa de espagueti

1 cebolla mediana, picada

3 dientes de ajo, finamente picados

2 zanahorias, finamente rebanadas

2 calabazas amarillas ("yellow squash") medianas, cortadas en trozos de 1/2 pulgada

1 zapallito italiano ("zucchini") grande, cortado en trozos de 1/2 pulgada

1 pimentón verde grande, picado

1/2 libra de hongos rebanados

1 Cocinar la pasta de acuerdo a las instrucciones del paquete, omitiendo la sal; escurrir.

2 Mientras tanto, en una olla sopera, dorar el pavo sobre fuego alto, revolviendo constantemente. Agregar los ingredientes restantes y reducir el fuego a medio-bajo; cubrir y cocinar por 20 a 30 minutos, o hasta que las verduras estén tiernas, revolviendo de vez en cuando.

3 Agregar la pasta a la olla; mezclar bien y cocinar hasta que esté totalmente caliente. Servir de inmediato.

Intercambios

4 1/2 Carbohidrato
2 Carne Muy Magra

Calorías 431
    Calorías de grasa 50
Grasa total . . . . 6 g
    Grasa saturada . . . . 2 g
Colesterol . . . . 39 mg
Sodio . . . . 535 mg
Carbohidrato total . . . 71 g
    Fibra dietética . . . . 6 g
    Azúcares . . . . 19 g
Proteína . . . . 25 g

"Esta es una de mis recetas favoritas. ¡Es rápida, fácil y es tan deliciosa! Es un platillo muy bueno para servir cuando la familia se reúne. Haz que cada uno haga algo para prepararla. ¡Esto añade a la diversión!"

Pollo Cacciatore

1 cebolla grande

1 cucharada de aceite de oliva

1 paquete (8 onzas) de hongos rebanados

2 pimentones (1 rojo y 1 verde), finamente rebanados

1 pollo despellejado (3 libras), cortado en 8 pedazos

1 botella (26 onzas) de salsa de espagueti tipo "lite"

1/2 taza de agua

1 Cortar la cebolla a la mitad y después en rebanadas de 1/4 pulgada. En una olla grande, calentar el aceite de oliva sobre fuego medio-alto. Sofreír la cebolla, los hongos y los pimentones por 3 a 4 minutos, o hasta que estén tiernos. Poner las verduras en un tazón mediano, dejando en la olla el líquido que queda.

2 En la misma olla, sofreír el pollo por 4 a 5 minutos de cada lado, o hasta que esté dorado. Agregar las verduras sofritas a la olla. Añadir la salsa de espagueti y el agua; mezclar bien.

3 Reducir el fuego a medio-bajo, tapar y cocinar por 35 a 40 minutos, o hasta que el pollo esté tierno y completamente cocido.

Intercambios

1 Carbohidrato
4 Carne Muy Magra
1 Vegetal
1 Grasa

Calorías 286
 Calorías de grasa 84
Grasa total . . . . 9 g
 Grasa saturada . . . . . . 2 g
Colesterol . . . . 77 mg
Sodio . . . . 809 mg
Carbohidrato total . . . 21 g
 Fibra dietética . . . . 6 g
 Azúcares . . . . 13 g
Proteína . . . . 30 g

¡Bueno para ti!

¡Ve a caminar! Además de cortar las porciones, mantenerte más activo puede ser todo lo que necesites para controlar tu peso y tu nivel de azúcar en la sangre. El mejor momento para hacer ejercicios es generalmente 30 a 60 minutos después del desayuno o la cena, pero asegúrate de consultar a tu médico para averiguar qué es lo mejor para ti. Y como sabes, TODO EL MUNDO puede beneficiarse de llevar una vida activa.

Muslos de Pollo Glaseados a la Barbacoa

Porción: 2 muslos, Total: 4 Porciones

1/2 taza de vinagre de cidra de manzana

1/3 taza de mostaza amarilla

2 cucharadas de azúcar morena ligera

1 cucharada de mantequilla

1/2 cucharadita de salsa de soya tipo "lite"

1/2 cucharadita de polvo de chiles

1/8 cucharadita de pimienta roja molida

1/2 cucharadita de pimienta negra molida

8 muslos de pollo, despellejados

1 Precalentar el horno a 375°F. Rociar una cacerola para hornear de 8 pulgadas con aceite en spray.

2 En un sartén mediano, combinar todos los ingredientes menos el pollo sobre fuego medio. Poner a hervir y dejar hervir por 5 minutos, o hasta que la salsa se espese, revolviendo constantemente.

3 Poner los muslos en la cacerola para hornear y verter la mezcla de la salsa sobre ellos, cubriéndolos completamente. Hornear por 40 a 45 minutos, o hasta que no se vea nada de rosado en el pollo y los jugos salgan claros.

Intercambios

1 Carbohidrato
3 Carne Magra
1/2 Grasa

Calorías 264
  Calorías de grasa 97
Grasa total . . . . 11 g
  Grasa saturada . . . . 3 g
Colesterol . . . . 88 mg
Sodio . . . . 508 mg
Carbohidrato total . . . 16 g
  Fibra dietética . . . . 4 g
  Azúcares . . . . 11 g
Proteína . . . . 28 g

"No te vas a calentar por estar parado frente a la barbacoa. ¡Estos se cocinan en el horno! Aunque hay un poquito de azúcar en este plato, tu dietista debería ayudarte a incluir comidas con poco azúcar en tu plan de comidas. ¡No tengas miedo de preguntarle!"

Pollo a la Lata de Soda

Porción: 1 a 2 pedazos, Total: 5 Porciones

1/2 taza de salsa para barbacoa

1 lata (12 onzas) de soda de lima-limón de dieta, medio llena

1 cucharada de albahaca seca

2 cucharaditas de paprika

1/2 cucharadita de cebolla en polvo

1/4 cucharadita de ajo en polvo

1/4 cucharadita de sal

1/4 cucharadita de pimienta negra molida

1 pollo entero (3 1/2 libras), despellejado

1 Quitar el estante superior del horno. Precalentar el horno a 350°F. Agregar la salsa para barbacoa a la lata medio llena de soda. En un tazón pequeño, combinar la albahaca, la paprika, la cebolla en polvo, el ajo en polvo, la sal y la pimienta; mezclar bien y frotar uniformemente sobre el pollo.

2 Colocar la cavidad del pollo sobre la lata de soda para que el pollo esté sentado verticalmente sobre la lata. Poner la lata sobre una bandeja de hornear con borde y hornear en el estante inferior del horno por 90 a 105 minutos, o hasta que no se vea nada de rosado en el pollo y el jugo del pollo salga claro.

3 Cortar el pollo en pedazos para servir y cuidadosamente verter el resto de la salsa de la lata sobre el pollo.

Intercambios

5 Carne Muy Magra
1 Grasa

Calorías 218
  Calorías de grasa 73
Grasa total . . . . 8 g
  Grasa saturada . . . . 2 g
Colesterol . . . . 90 mg
Sodio . . . . 409 mg
Carbohidrato total . . . . 4 g
  Fibra dietética . . . . 1 g
  Azúcares . . . . 3 g
Proteína . . . . 30 g

Nota

Esta es una forma muy divertida de cocinar pollo. Pero ten cuidado: la lata de soda está MUY CALIENTE. Usa los guantes de cocina cuando lo vayas a sacar del horno.

Pollo Balsámico

Porción: 1 mitad de pechuga, Total: 4 Porciones

1/4 taza de vinagre balsámico

2 cucharadadas de aceite de oliva

1/2 cucharadita de ajo en polvo

1/4 cucharadita de sal

1/4 cucharadita de pimienta negra molida

4 mitades de pechuga de pollo, deshuesado y despellejado

1 Combinar todos los ingredientes en una bolsa grande plástica resellable; mezclar bien. Sellar la bolsa y poner en la refrigeradora por 30 minutos para marinar.

2 Calentar una cacerola para asar a la parrilla sobre fuego medio hasta que esté caliente. Poner el pollo en la cacerola, descartando el resto de la salsa para marinar, y cocinar por 6 a 10 minutos de cada lado, o hasta que no se vea nada de rosado y los jugos salgan claros.

Intercambios

5 Carne Muy Magra
1/2 Grasa

Calorías 199
  Calorías de grasa 59
Grasa total . . . . 7 g
  Grasa saturada . . . . 2 g
Colesterol . . . . 85 mg
Sodio . . . . 144 mg
Carbohidrato total . . . . 2 g
  Fibra dietética . . . . 0 g
  Azúcares . . . . 1 g
Proteína . . . . 31 g

"Cuando me enteré de que tenía diabetes, pensé que lo único que podría comer sería comida insípida. ¡Estaba equivocada! Prueba este pollo sensacional. Se cocina rápidamente en una sartén o en la parrilla. Y cuando se junta con verduras al vapor o a la parrilla, ¡podemos todos sentirnos como si estuviéramos comiendo algo con muchas calorías!"

Pollo Griego en Sartén

Porción: 1 a 2 presas, Total: 5 Porciones

2 cucharadas de aceite de oliva

3 cucharadas de jugo de limón, dividido

2 cucharadas de perejil fresco picado, dividido

2 cucharaditas de orégano seco

1/4 cucharadita de pimienta negra molida

1 pollo (3 libras), despellejado y cortado en 8 pedazos

1/2 taza de queso feta sin grasa, desmenuzado

1 En un tazón mediano, combinar el aceite de oliva, 2 cucharadas del jugo de limón, 1 cucharada de perejil, el orégano y la pimienta molida; mezclar bien. Agregar el pollo y darlo vuelta para cubrirlo completamente.

2 Calentar una sartén grande sobre fuego alto y dorar el pollo por 5 a 6 minutos de cada lado; reducir el fuego a bajo, tapar y cocinar por 10 minutos.

3 Agregar lo que queda del jugo de limón (1 cucharada), el perejil y el queso feta; tapar y cocinar a fuego bajo por 5 minutos, o hasta que el queso se suavice y no se vea nada de rosado en el pollo.

Intercambios

4 Carne Magra

Calorías 234
  Calorías de grasa . . . 108
Grasa total . . . . 12 g
  Grasa saturada . . . . . 2.5 g
Colesterol . . . . 78 mg
Sodio . . . . 316 mg
Carbohidrato total . . . . 2 g
  Fibra dietética . . . . 0 g
  Azúcares . . . . 1 g
Proteína . . . . 29 g

"Este platillo rápido de pollo sólo está en la estufa por 20 minutos, ¡así que estarás comiéndolo en un dos por tres! El queso feta es realmente sabroso, y un poco rinde mucho en agregarle chispa".

Pollo con Trío de Pimentones

Porción: 2 tazas, Total: 6 Porciones

1 libra de pechuga de pollo, deshuesada, despellejada y cortada en tiras de 1/2 pulgada

3/4 taza de aderezo italiano de ensalada, reducido en grasa, dividido

6 pimentones medianos (2 rojos, 2 verdes y 2 amarillos), cortados en tiras delgadas

1 paquete (10 onzas) de espinaca fresca, lavada y recortada

1 Poner el pollo en una bandeja de hornear cuadrada de 8 pulgadas y agregar 1/2 taza del aderezo italiano de ensalada; mezclar bien. Cubrir y dejar en la refrigeradora por 1 hora para marinar.

2 Calentar una cacerola para asar a la parrilla sobre fuego alto hasta que esté caliente. Poner el pollo en la cacerola, botando la salsa para marinar. Cocinar el pollo por 2 a 3 minutos de cada lado, o hasta que no se vea nada de rosado en el pollo. Sacar el pollo de la cacerola; poner a un lado. Agregar los pimentones a la cacerola y cocinar por 4 a 5 minutos, o hasta que estén tiernos y tostados, revolviendo de vez en cuando.

3 Regresar el pollo a la cacerola y cocinar hasta que esté completamente caliente. Poner la espinaca en un tazón grande y agregar la mezcla del pollo y lo que queda de la taza de aderezo italiano (1/4 taza); revolver bien. Servir de inmediato.

Intercambios

2 Carne Magra
2 Vegetal

Calorías 149
  Calorías de grasa 27
Grasa total . . . . 3 g
  Grasa saturada . . . . 1 g
Colesterol . . . . 46 mg
Sodio . . . . 381 mg
Carbohidrato total . . . 12 g
  Fibra dietética . . . . 4 g
  Azúcares . . . . 4 g
Proteína . . . . 19 g

"Si estás tratando de encontrar un platillo delicioso que también sea bueno a la vista, no busques más, por que lo que ves en la portada de este libro es lo que puedes tener en tu mesa en pocos minutos... ¡te lo prometo!

Pollo Bajo Capas

Porción: 1 a 2 presas, Total: 5 Porciones

1 pollo entero (3 libras), despellejado

1 cebolla pequeña, cortada en cuartos

1/2 cucharadita de salvia ("rubbed sage")

1/2 cucharadita de paprika

2 dientes de ajo, finamente picados

1/4 cucharadita de sal

1/4 cucharadita de pimienta negra molida

4 a 5 hojas de lechuga "iceberg", lavadas y secadas

1. Precalentar el horno a 350°F. Poner la pechuga del pollo para arriba en una cacerola para hornear de 9" × 13". Poner la cebolla dentro de la cavidad del pollo.

2. En un tazón, combinar los ingredientes restantes menos la lechuga; mezclar bien. Frotar el pollo uniformemente con la mezcla de las especias. Poner la lechuga sobre la parte de arriba del pollo cubriéndolo completamente.

3. Hornear el pollo por 80 a 90 minutos, o hasta que no se vea nada de rosado en el pollo y los jugos salgan claros. Botar la lechuga y cortar el pollo en pedazos para servirlo.

Intercambios

4 Carne Muy Magra
1/2 Grasa

Calorías 175
  Calorías de grasa 59
Grasa total . . . . 7 g
  Grasa saturada . . . . . . 2 g
Colesterol . . . . 77 mg
Sodio . . . . 192 mg
Carbohidrato total . . . . 2 g
  Fibra dietética . . . . 0 g
  Azúcares . . . . 1 g
Proteína . . . . 26 g

"Al cubrir el pollo sin pellejo con la lechuga, éste se mantiene bien jugoso con casi nada de grasa. ¡Eso es algo por lo que entusiasmarse!"

Pollo "Frito" al Horno

Aceite en spray

2 cucharadas de harina

1/2 cucharadita de sal

1/4 cucharadita de pimienta negra molida

3 claras de huevo

1 1/2 tazas de copos de maíz desmenuzados

1/2 cucharadita de salvia molida

1 pollo (3 a 3 1/2 libras), despellejado y cortado en 10 pedazos (corta cada pechuga a la mitad)

1 Precalentar el horno a 350°F. Rociar una bandeja de hornear con bordes con aceite en spray.

2 En un plato llano, combinar la harina, la sal y la pimienta molida. En un tazón mediano, batir ligeramente las claras de huevo. En un tazón grande, combinar los copos de maíz y la salvia.

3 Cubrir los pedazos de pollo completamente con la mezcla de harina y después con la clara de huevos y los copos de maíz. Poner el pollo en la bandeja de hornear. Rociar ligeramente la parte de arriba del pollo con aceite en spray y hornear por 45 a 50 minutos o hasta que no se vea nada de rosado en el pollo y los jugos salgan claros.

Intercambios

1-1/2 Fécula
4 Carne Muy Magra
1/2 Grasa

Calorías 299
  Calorías de grasa 64
Grasa total . . . . 7 g
  Grasa saturada . . . . 2 g
Colesterol . . . . 84 mg
Sodio . . . . 627 mg
Carbohidrato total . . . 25 g
  Fibra dietética . . . . 1 g
  Azúcares . . . . 3 g
Proteína . . . . 32 g

"No les digan a las hormigas, ¡pero nos vamos a un picnic! Y esto es muy simple cuando dejamos que el horno haga todo el trabajo. Hornea este favorito americano en vez de freírlo en una sartén caliente y grasosa. ¿Sabes qué puede ser muy bueno con esto? Ensalada de Habichuelas Verdes con Tomate (pág. 35). ¡Diviértete!"

Pastel Buen Pastor sobre Fuego

Porción: 1/8 de la receta, Total: 8 Porciones

2 tazas de pollo cocido en cubitos (ver la "Nota")

1 paquete (16 onzas) de verduras mixtas, descongeladas y escurridas

1 lata (10 3/4 onzas) de sopa de crema de pollo condensada, reducida en sodio y 98% libre de grasa

1/2 taza de leche baja en grasa

1/4 cucharadita de cebolla en polvo

1/4 cucharadita de pimienta negra molida

3 tazas de puré de papas (instantáneo o sobrado de una comida anterior) preparado con margarina suave y reducida en grasa y leche sin grasa

1 En una sartén grande, combinar todos los ingredientes menos las papas sobre fuego alto; mezclar bien. Cocinar por 5 a 8 minutos, o hasta que esté totalmente caliente, revolviendo frecuentemente.

2 Quitar la sartén del fuego y añadir las papas con un cucharón. Servir de inmediato.

Nota

Utiliza las sobras de pollo de una comida anterior o compra en el super-mercado trozos gruesos de pechuga de pavo. ¡Haz lo que sea más fácil!

Intercambios

1 1/2 Fécula
1 Carne Magra

Calorías 185
   Calorías de grasa 38
Grasa total . . . . 4 g
   Grasa saturada . . . . . 1.2 g
Colesterol . . . . 36 mg
Sodio . . . . 311 mg
Carbohidrato total . . . 23 g
   Fibra dietética . . . . 3 g
   Azúcares . . . . 5 g
Proteína . . . . 14 g

"Este platillo es ideal para cuando la temperatura se torne un poco fresca, y trae un premio consigo: puedes utilizar cualquier verdura, pollo o pavo que tengas en la refrigeradora de otra comida para hacer una verdadera comida que te mantenga dentro de tu presupuesto".

Tiritas de Pollo "Búfalo"

Porción: 3 tiras, Total: 5 Porciones

1 cucharada de margarina en barra de aceite de maíz

1 1/2 libras de pechuga de pollo, deshuesada, despellejada y cortada en 15 tiras

1/4 taza de salsa picante de Cayena ("cayenne pepper sauce")

1. En una sartén grande, derretir la margarina sobre fuego medio-alto.

2. Agregar el pollo y la salsa picante y cocinar por 6 a 8 minutos, o hasta que no se vea nada de rosado en el pollo y la salsa se espese y cubra el pollo. Servir de inmediato.

Toque Final

Para lograr el sabor tradicional de alitas de pollo "Búfalo", sirve estos como bocadillo con pedacitos de apio y queso tipo Roquefort bajo en grasa.

Intercambios

4 Carne Muy Magra
1 Grasa

Calorías 176
  Calorías de grasa 50
Grasa total . . . . 6 g
  Grasa saturada . . . . . 1.4 g
Colesterol . . . . 79 mg
Sodio . . . . 164 mg
Carbohidrato total . . . . 0 g
  Fibra dietética . . . . 0 g
  Azúcares . . . . 0 g
Proteína . . . . 29 g

Hamburguesas de Salchicha
Bajas en Grasa

Porción: 1 hamburguesa, Total: 4 Porciones

1 libra de pechuga de pavo molida

1 cebolla pequeña, picada

1/4 taza de sustituto de huevo

2 cucharadas de migas de pan seco

1 cucharadita de tomillo seco

1 cucharadita de pepitas de hinojo ("fennel seed")

1/2 cucharadita de ajo en polvo

1/4 cucharadita de sal

1/2 cucharadita de pimienta negra molida

1/4 cucharadita de pimienta roja molida

1 Combinar todos los ingredientes en un tazón grande; mezclar bien. Formar la mezcla en 4 hamburguesas de igual tamaño.

2 Rociar una sartén grande con aceite en spray. Poner las hamburguesas en la sartén y cocinar sobre fuego medio por 3 a 4 minutos de cada lado, o hasta que no quede nada de rosado en el centro.

Intercambios
1/2 Fécula
3 Carne Muy Magra

Calorías 155
  Calorías de grasa 9
Grasa total . . . . 1 g
  Grasa saturada . . . . 0 g
Colesterol . . . . 70 mg
Sodio . . . . 259 mg
Carbohidrato total . . . . 5 g
  Fibra dietética . . . . 0 g
  Azúcares . . . . 2 g
Proteína . . . . 30 g

"Estas hamburguesas de pavo están repletas de sabor por sí solas, pero quizás quieras servirlas con panecillos de harina de trigo entero, lechuga y tomate, o quizás unas cebollas sofritas. De cualquier forma, ya que las estás haciendo tú mismo (¡sí, puedes hacerlo!), no estarán llenas de grasa".

Emparedado Abierto Tipo "Sloppy Joe"

Porción: 1 Emparedado, Total: 6 Porciones

1 cucharadita de aceite de canola

1 libra de pechuga de pavo molido

1 cebolla mediana, picada

1 tallo de apio, picado

1/2 pimentón verde mediano, picado

2 dientes de ajo, finamente picados

1 lata (8 onzas) de salsa de tomate

1/4 taza de salsa "Worcestershire"

3/4 taza de agua

1/8 cucharadita de pimienta negra molida

3 panecillos de hamburguesa, partidos por la mitad

1 En una sartén grande, calentar el aceite sobre fuego medio-alto y cocinar el pavo hasta que esté dorado, revolviendo para separar la carne.

2 Agregar la cebolla, el apio, el pimentón y el ajo y sofreír por 5 minutos, revolviendo a menudo.

3 Mezclar los ingredientes que quedan, menos los panecillos, y cocinar todo sobre fuego medio por 10 minutos, o hasta que se espese. Servir sobre la mitad de los panecillos en forma de emparedados abiertos.

Intercambios

1 Fécula
3 Carne Muy Magra
1 Vegetal

Calorías 201
  Calorías de grasa 37
Grasa total . . . . 4 g
  Grasa saturada . . . . 0 g
Colesterol . . . . 47 mg
Sodio . . . . 522 mg
Carbohidrato total . . . 19 g
  Fibra dietética . . . . 2 g
  Azúcares . . . . 7 g
Proteína . . . . 22 g

El emparedado "Sloppy Joe" ofrece una forma deliciosa de limitar nuestros carbohidratos".

Hamburguesa de Pavo con Queso "Cheddar"

Porción: 1 hamburguesa, Total: 6 Porciones

1 1/2 libras de pechuga de pavo molido

1/2 taza (2 onzas) de queso Cheddar reducido en grasa, desmenuzado

1/2 cucharadita de cebolla en polvo

1/2 cucharadita de ajo en polvo

1/4 cucharadita de sal

1 cucharadita de pimienta negra molida

1 En un tazón grande, combinar todos los ingredientes; mezclar bien. Formar 6 hamburguesas del mismo tamaño.

2 Rociar una sartén grande con aceite en spray y cocinar las hamburguesas sobre fuego medio por 3 a 4 minutos de cada lado, o hasta que los jugos salgan claros y no se vea nada de rosado. Servir de inmediato.

Intercambios
3 Carne Muy Magra

Calorías 117
  Calorías de grasa 22
Grasa total . . . . 2 g
  Grasa saturada . . . . . 1.3 g
Colesterol . . . . 60 mg
Sodio . . . . 211 mg
Carbohidrato total . . . . 1 g
  Fibra dietética . . . . 0 g
  Azúcares . . . . 0 g
Proteína . . . . 22 g

He aquí una versión más ligera de uno de los platillos americanos más favoritos. Ya sea que estén cocidas en una sartén o a la parrilla, estas hamburguesas bajas en grasa serán devoradas por toda la familia. Para otra opción, trata de hacer éstas en forma de pastel de carne. ¡Dos recetas deliciosas en una!

Pavo Française

Porción: 1 pedazo, Total: 6 Porciones

1/2 taza de harina

1 cucharada de perejil fresco picado

1/2 cucharadita de sal

3/4 taza de sustituto de huevo

2 cucharadas de aceite de oliva

1 1/2 cucharadas de margarina en barra de aceite de maíz, divididas

6 pedazos de pechuga de pavo (un total de 1 1/2 libras)

2/3 taza de vino blanco seco

Jugo de 1 limón

1 En una plato llano, combinar la harina, el perejil y la sal; mezclar bien. Poner el sustituto de huevo en otro plato llano.

2 En una sartén grande, calentar el aceite de oliva mientras se derrite 1 cucharada de la mantequilla sobre fuego medio. Poner el pavo dentro de la mezcla de la harina y luego en el sustituto de huevo, cubriendo completamente.

3 Sofreír el pavo, varios trozos a la vez si es necesario, por 2 ó 3 minutos de cada lado, o hasta que estén dorados. Agregar la otra cucharada de mantequilla, el vino y el jugo de limón a la sartén; mezclar bien y regresar el pavo a la sartén. Cocinar por 2 ó 3 minutos, o hasta que la salsa se empiece a espesar ligeramente. Servir el pavo con la salsa encima.

Intercambios
1/2 Fécula
4 Carne Magra
1/2 Grasa

Calorías 249
  Calorías de grasa 73
Grasa total . . . . 8 g
  Grasa saturada . . . . . 1.4 g
Colesterol . . . . 74 mg
Sodio . . . . 330 mg
Carbohidrato total . . . . 9 g
  Fibra dietética . . . . 0 g
  Azúcares . . . . 1 g
Proteína . . . . 31 g

Toque Final

Este es fácil de adornar agregándole rebanadas de limón y perejil picado un poco antes de servir. Velo finalizado en la foto B.

Vegetales y Pavo Asados

3 cucharadas de aceite de oliva

2 cucharadas de vinagre balsámico

1 cucharadita de sazón italiano

1/2 cucharadita de sal

1/4 cucharadita de pimienta negra molida

1 1/2 libras de pechuga de pavo sin pellejo, cortada en tiras finas

3 pimentones medianos (1 rojo, 1 amarillo y 1 verde), cortados en pedazos de 2 pulgadas

2 cebollas rojas medianas, c/u cortada en 6 pedazos en forma de cuñas

2 zapallitos italianos ("zucchini") grandes, cortados en pedazos de 1 pulgada

1 Precalentar el horno a 425°F. En una cacerola para hornear de 9" × 13", combinar el aceite, el vinagre, el sazón italiano, la sal y la pimienta molida. Agregar las pechugas de pavo, la cebolla y el zapallito italiano; revolver para cubrir completamente.

2 Hornear por 20 minutos. Revolver las verduras y el pavo y bañar con el jugo de la cacerola. Hornear por 10 a 15 minutos más, o hasta que no quede nada de rosado en el pavo.

Intercambios

3 Vegetal
3 Carne Muy Magra
1 1/2 Grasa

Calorías 241
  Calorías de grasa 70
Grasa total . . . . 8 g
  Grasa saturada . . . . . 1.2 g
Colesterol . . . . 74 mg
Sodio . . . . 255 mg
Carbohidrato total . . . 14 g
  Fibra dietética . . . . 3 g
  Azúcares . . . . 7 g
Proteína . . . . 29 g

Gallinas de Cornualles Glaseadas con Jugo Cítrico

Porción: 1 gallina, Total: 4 Porciones

4 gallinas de Cornualles (1 libra c/u)

1 naranja mediana, cuarteada

1/2 cucharadita de sal

1/4 cucharadita de pimienta negra molida

1 paquete (4 porciones) de gelatina de sabor naranja, sin azúcar

1/4 taza de miel

1/4 taza jugo de naranja

1 Precalentar el horno a 350°F. Rociar una cacerola para asar con aceite en spray. Poner las gallinas en la cacerola; poner un pedazo de la naranja cuarteada dentro de la cavidad de cada gallina. Sazonar con sal y pimienta.

2 En un tazón pequeño, combinar los ingredientes que faltan y verter sobre las gallinas. Poner a asar, sin tapar, por 75 a 90 minutos, o hasta que no se vea nada de rosado y los jugos salgan claros; bañar con los jugos de la cacerola cada 20 minutos.

3 Servir entera o cortada en mitades; rociar con el jugo glaseado de la cacerola.

Intercambios

1 1/2 Carbohidrato

6 Carnes Muy Magra

Calorías 319
  Calorías de grasa 62
Grasa total . . . . 7 g
  Grasa saturada . . . . . 1.8 g
Colesterol . . . . 190 mg
Sodio . . . . 462 mg
Carbohidrato total . . . 19 g
  Fibra dietética . . . . . . 0 g
  Azúcares . . . . 19 g
Proteína . . . . 43 g

"Estas gallinitas son grandes en sabor gracias a la gelatina (sin azúcar) y la miel. ¿Quieres avivarlo aún más? Rocía un poco de deleite de naranja ("orange zest") sobre las gallinas unos minutos antes de servirlas".

Pollo Mediterráneo de Nicole

Porción: 1 taza, Total: 4 Porciones

2 cucharadas de aceite de oliva

1 libra de pechuga de pollo, deshuesado, despellejado y cortado en trozos

1 cucharadita de albahaca seca

1 diente de ajo, finamente picado

1/2 cebolla pequeña, picada

1/2 pimentón verde pequeño, picado

1/2 pimentón rojo pequeño, picado

1/3 taza de vino blanco seco

1 lata (14 1/2 onzas) de tomate picado

1/4 taza de aceitunas verdes rellenas con pimentones, picadas

1/4 cucharadita de pimienta negra molida

1 En una sartén grande, calentar el aceite sobre fuego medio. Agregar el pollo y la albahaca a la sartén y dorar el pollo, revolviendo frecuentemente.

2 Agrega los ingredientes que quedan y cocinar, destapado, por 20 minutos, o hasta que las verduras estén tiernas y no se vea nada de rosado en el pollo y los jugos salgan claros.

Intercambios

3 Carne Muy Magra
2 Vegetal
1 1/2 Grasa

Calorías 240
  Calorías de grasa 93
Grasa total . . . . 10 g
  Grasa saturada . . . . 2 g
Colesterol . . . . 68 mg
Sodio . . . . 455 mg
Carbohidrato total . . . . 8 g
  Fibra dietética . . . . 2 g
  Azúcares . . . . 5 g
Proteína . . . . 27 g

"Mi horario me mantiene tan ocupada fuera de casa que cuando tengo un momento libre y me quedo en la casa y cocino una buena comida para mi familia, esta es la receta que escojo con más frecuencia. ¡El poquito de vino que contiene hace que sea muy elegante!"

Avestruz Oscurecida

Porción: 1 filete, Total: 2 Porciones

1 cucharadita de pimienta inglesa ("allspice") molida

1 cucharadita de tomillo seco

1/4 cucharadita de canela en polvo

1/4 cucharadita de ajo en polvo

1/4 cucharadita de pimienta roja molida

1/8 cucharadita de sal

2 filetes de avestruz (6 onzas c/u)

1 cucharadita de aceite de canola

1 En un tazón pequeño, combinar la pimienta inglesa, el tomillo, la canela, el ajo en polvo, la pimienta roja molida y la sal; mezclar bien. Poner los filetes en la mezcla y darlos vuelta para cubrirlos completamente.

2 Calentar el aceite en un sartén mediano sobre fuego medio-alto. Cocinar los filetes por 4 a 5 minutos de cada lado, o hasta que estén cocidos al gusto. Rebanar cada filete finamente y servir.

Consejos para servirlo

Esto se convierte en algo aún más especial cuando se sirve con una salsa de maíz, combinando una lata pequeña de granos enteros de maíz, escurridos, 2 cebollinos picados, un tomate finamente picado sin semillas, 1 1/2 cucharaditas de vinagre de cidra de manzana, 1 cucharada de cilantro picado y 1 cucharadita de comino molido. Me gusta hacer la salsa un poco antes para poder servirla fría, con el avestruz caliente.

Intercambios
5 Carne Muy Magra
1/2 Grasa

Calorías 201
  Calorías de grasa 54
Grasa total . . . . 6 g
  Grasa saturada . . . . 0 g
Colesterol . . . . 122 mg
Sodio . . . . 239 mg
Carbohidrato total . . . . 0 g
  Fibra dietética . . . . 0 g
  Azúcares . . . . 0 g
Proteína . . . . 34 g

"¿Avestruz? ¡Confía en mi con éste! El avestruz es muy bajo en grasa, y aunque se considera ave de corral, su sabor es similar al de carne de res. La mayoría de nuestros supermercados ahora lo venden, por lo tanto, pruébalo. Te prometo, una sola mordida y te convertirás en creyente".

Carnes que Hacen Agua la Boca

Bistec Provenzal

1 cucharada aceite de canola

1 libra de bistec de cinta ("beef top sirloin steak") sin hueso, cortado en trozos de 1 pulgada

1 cebolla grande, picada

3 dientes de ajo, finamente picados

1/2 cucharadita de pimienta negra molida

3 calabazas amarillas ("yellow squash"), cortadas en trozos de 1 pulgada

1 lata (15 onzas) de frijoles "Great Northern", enjuagados y escurridos

1 lata (14 1/2 onzas) tomates en cubitos

2 cucharadas de albahaca fresca, picada

2 tazas de hojas de espinaca, recortadas

1 cucharada de queso Parmesano, rallado

1 En una olla sopera, calentar el aceite sobre fuego alto. Agregar el bistec, la cebolla, el ajo y la pimienta molida. Sofreír por 6 a 8 minutos, o hasta que el bistec y las cebollas estén doradas, revolviendo frecuentemente.

2 Agregar las calabazas amarillas, reducir el fuego a medio y cocinar por 3 a 4 minutos, o hasta que las calabazas estén tiernas. Agregar los frijoles, los tomates y la albahaca; mezclar bien. Cocinar por 3 a 4 minutos más, o hasta que esté totalmente caliente.

3 Un poco antes de servir, agregar la espinaca y cocinar por 2 a 3 minutos, o hasta que la espinaca esté cocida. Rociar con el queso Parmesano y servir.

Intercambios

1 Fécula
2 Carne Magra
2 Vegetal

Calorías 233
  Calorías de grasa 60
Grasa total . . . . 7 g
  Grasa Saturada . . . . . . 1 g
Colesterol . . . . 44 mg
Sodio . . . . 301 mg
Carbohidrato total . . . 23 g
  Fibra dietética . . . . 6 g
  Azúcares . . . . 8 g
Proteína . . . . 22 g

"Ve este platillo continental tan colorido en la foto C".

Bistec Adentro para Afuera

Porción: 3 a 4 rebanadas, Total: 8 Porciones

3 cucharadas de aceite de oliva

2 cucharadas de vinagre de vino rojo

1 cebollino, finamente rebanado

2 dientes de ajo, finamente picados

1/2 cucharadita de sal

1 cucharadita de pimienta negra molida

1 bistec de espaldilla de res ("beef flank steak") de 2 libras, de grosor de aproximadamente 1 pulgada

1 En una bolsa plástica resellable, combinar todos los ingredientes menos el bistec; mezclar bien. Hacer incisiones diagonales cada 1 1/2 pulgadas en la superficie de ambos lados del bistec. Poner el bistec en la bolsa plástica, sellar y dejar marinar en la refrigeradora por al menos 4 horas, o durante toda una noche, dando vuelta a la bolsa ocasionalmente.

2 Calientar una cacerola grande sobre fuego alto hasta que esté caliente. Sacar el bistec de la bolsa y ponerlo en la cacerola; botar lo que queda de la marinada. Cocinar el bistec por 4 a 5 minutos de cada lado para término medio, o hasta que se cocine al término deseado.

3 Rebanar finamente el bistec contra la veta y servir.

Intercambios
3 Carne Magra

Calorías 172
  Calorías de grasa . . . 76
Grasa total . . . . 8 g
  Grasa Saturada . . . . . 2.8 g
Colesterol . . . . 39 mg
Sodio . . . . 119 mg
Carbohidrato total . . . . 0 g
  Fibra dietética . . . . 0 g
  Azúcares . . . . 0 g
Proteína . . . . 22 g

Toque Final

¿Por qué no darle más color a este platillo rociándolo con pedazos adicionales de cebollino, antes de servirlo?

Salteado de Singapur

Porción: 1/6 de la receta, Total: 6 Porciones

1 cucharada de aceite vegetal

1 bistec de espaldilla de res ("beef flank steak") de 1 1/2 libras, de grosor de 1 pulgada, cortado en tiras finas

1/2 taza de salsa agridulce

3 cucharadas de salsa de soya tipo "lite"

2 cucharadas de ajo, finamente picado

1 cucharada de jengibre molido

1/2 cucharadita de salsa picante tipo Tabasco

1/2 cucharadita de pimienta negra molida

1 paquete (16 onzas) de verduras mixtas "stirfry", descongeladas y escurridas

1 En una sartén grande, calentar el aceite sobre fuego medio. Agregar las tiras de bistec y dorar por 5 a 6 minutos de cada lado.

2 Mientras tanto, en un tazón pequeño, combinar la salsa agridulce, la salsa de soya, el ajo, el jengibre, la salsa picante y la pimienta negra. Agregar esta salsa al bistec y los vegetales.

3 Reducir el fuego a bajo y cocinar por 3 a 5 minutos, revolviendo hasta que esté completamente mezclado y caliente.

Intercambios
1/2 Carbohidrato
1 Vegetal
3 Carne Magra

Calorías 233
Calorías de grasa . . . 74
Grasa total . . . . 8 g
Grasa Saturada . . . . . 2.6 g
Colesterol . . . . 39 mg
Sodio . . . . 483 mg
Carbohidrato total . . . 13 g
Fibra dietética . . . . 2 g
Azúcares . . . . 8 g
Proteína . . . . 24 g

¡Bueno para ti!

Aunque la Internet nunca podrá reemplazar a nuestros médicos, nos proporciona muchos sitios en donde podemos lograr respuestas a muchas de las preguntas comunes sobre diabetes. En caso de que no la tengas ya, la dirección del sitio web de la American Diabetes Association es http://www.diabetes.org. *¡Visítalo ahora!*

Bistec con Corteza Crujiente

Porción: 1 Bistec, Total: 4 Porciones

1/2 taza de migas de copos de maíz

1 cucharada de cebolla seca, picada, en copos

2 cucharadas de aceite de oliva

2 cucharaditas de mostaza oscura picante

4 pulpas de res blanca ("beef top round"), finamente rebanadas (total de 1 libra)

1 Colocar la rejilla de la parrilla de 8 a 10 pulgadas del calor y precalentar la parrilla. Vierter las migas de copos de maíz y la cebolla picada en un plato llano; mezclar bien.

2 En otro plato llano, combinar el aceite y la mostaza. Introducir el bistec en la mezcla de aceite y después en la mezcla de copos de maíz, cubriendo ligeramente cada uno.

3 Colocar los bistec en una bandeja de hornear con bordes y asar por 3 a 4 minutos de cada lado, o hasta que estén completamente cocidos.

Intercambios
1/2 Fécula
3 Carne Magra

Calorías 235
  Calorías de grasa . . 106
Grasa total . . . . 12 g
  Grasa Saturada . . . . . 2.6 g
Colesterol . . . . 58 mg
Sodio . . . . 208 mg
Carbohidrato total . . . 11 g
  Fibra dietética . . . . 1 g
  Azúcares . . . . 2 g
Proteína . . . . 20 g

"¿Cuál es la diferencia entre un plan de comidas para personas con diabetes y un plan de comidas para cualquier otra persona? Comprende escoger ingredientes más saludables, balanceando los carbohidratos y las calorías y no seguir comiendo si ya estás saciado. ¿Quién no podría beneficiarse de seguir un plan de comidas que sea bajo en grasa, lleno de fibras y delicioso?"*

Asado Tachonado con Ajo y Jalapeño

Porción: 3 a 4 pedazos, Total: 10 Porciones

1 corte de carne de res para asar tipo "beef eye of the round roast" de 3 libras

1 jalapeño, cortado en 20 pedacitos (ver abajo)

20 dientes de ajo

6 cebollinos

1 cucharadita de salsa para sazonar y dorar

1 cucharadita de sal

1/4 cucharadita de pimienta roja molida

1 Precalentar el horno a 400°F. Rociar una olla para asar con aceite en spray. Con un cuchillo afilado, hacer cuidadosamente 20 incisiones de aproximadamente 1 1/2 pulgadas de hondo en la superficie del lomo. Introducir un pedazo del jalapeño y un diente de ajo en cada una de las incisiones.

2 Poner los cebollinos dentro de la olla y poner la carne sobre los cebollinos. Pincelar la carne con la salsa para sazonar y dorar. Sazonar con la sal y pimienta molida roja y poner a asar por 45 a 60 minutos, o hasta que el lomo llegue al término deseado.

3 Sacar el lomo de la olla y poner sobre una tabla de cortar. Rebanar finamente el lomo y verter con una cuchara los jugos de la olla sobre cada pedazo del lomo al momento de servirlo.

Intercambios

4 Carne Muy Magra
1/2 Grasa

Calorías 163
  Calorías de grasa 39
Grasa total . . . . 4 g
  Grasa Saturada . . . . . . 2 g
Colesterol . . . . 62 mg
Sodio . . . . 293 mg
Carbohidrato total . . . . 3 g
  Fibra dietética . . . . 1 g
  Azúcares . . . . 2 g
Proteína . . . . 26 g

"Cuando trabajo con chiles picantes, he aprendido que si me cubro las manos levemente con aceite vegetal, no siento las quemadas de los jugos ni las pepitas. Pareciera que tuviera guantes puestos. ¡Pero ten cuidado! Tener aceite en tus manos también puede hacer que los utensilios de cocina (¡incluyendo cuchillos!) se tornen resbalosos. Y recuerda que aunque te hayas cubierto las manos con aceite, ¡no debes pasártelas sobre los ojos ni la boca!"

Asado Caramelizado con Soda

Porción: 2 a 3 rebanadas, Total: 9 Porciones

1 corte de carne de res para asar muy magra tipo "beef bottom round roast" de 3 libras

1/2 cucharadita de sal

1/2 cucharadita de pimienta negra molida

1/2 cucharadita de ajo en polvo

1 taza de soda de dieta

1/2 taza de salsa chile

1 cucharada de salsa "Worcestershire"

1 Precalentar el horno a 325°F. Rociar una cacerola para hornear con aceite en spray y poner la carne en la cacerola. Sazonar con la sal, la pimienta y el ajo en polvo.

2 En un tazón pequeño, combinar los ingredientes que quedan y verter sobre la carne. Cubrir con papel aluminio y poner a asar por 2 1/2 horas, o hasta que esté tierno.

3 Rebanar el asado. Verter la salsa que queda sobre el asado y servir.

Intercambios
4 Carne Magra

Calorías 234
  Calorías de grasa 72
Grasa total . . . . 8 g
  Grasa Saturada . . . . . 2.8 g
Colesterol . . . . 108 mg
Sodio . . . . 376 mg
Carbohidrato total . . . . 4 g
  Fibra dietética . . . . 0 g
  Azúcares . . . . 2 g
Proteína . . . . 35 g

"¡¿Puedes creer que una soda regular contiene NUEVE cucharaditas de azúcar y prácticamente tres veces los gramos de carbohidratos que una soda de dieta?! Es fácil entonces saber la que debemos escoger. Sus sabores son tan parecidos que nadie podrá distinguir entre las dos en esta receta".

Asado en Olla con Estragón

Porción: 2 a 3 rebanadas, Total: 9 Porciones

1 corte de carne de res para asar muy magra tipo "beef bottom round roast" de 3 libras

1 cebolla mediana, picada

2 zanahorias, rebanadas

1/2 taza de vino rojo seco

1/2 taza de agua

1 cucharada de ajo, finamente picado

1 cucharada de estragón seco

1/4 cucharadita de pimienta negra molida

1 Precalentar el horno a 325°F. Rociar una cacerola para hornear con aceite en spray y poner la carne en la cacerola.

2 En un tazón pequeño, combinar los ingredientes que faltan y verter sobre la carne. Poner a asar por 1 1/2 a 2 horas, o hasta que el asado esté tierno al introducirle un tenedor.

3 Rebanar el asado. Verter la salsa que queda sobre el asado y servir.

Intercambios
4 Carne Magra

Calorías 235
  Calorías de grasa . . . 72
Grasa total . . . . 8 g
  Grasa Saturada . . . . . 2.8 g
Colesterol . . . . 108 mg
Sodio . . . . 55 mg
Carbohidrato total . . . . 4 g
  Fibra dietética . . . . 1 g
  Azúcares . . . . 1 g
Proteína . . . . 35 g

"Sauerbraten" del Nuevo Mundo

Porción: 3 a 4 rebanadas, Total: 8 Porciones

3 cucharadas de aceite vegetal

2 cucharadas de vinagre de cidra de manzana

1 lata (12 onzas) de soda "ginger ale" de dieta

1/3 taza de jugo de limón

3/4 cucharadita de ajo en polvo

1/8 cucharadita de clavito de olor en polvo

1/2 cucharadita de sal

1/4 cucharadita de pimienta negra molida

1 cebolla pequeña, picada

1 corte de carne de res tipo "beef top round" de 2 libras (1 1/2 pulgada de grosor)

1 cucharada de maicena

1 En una bolsa plástica resellable, combinar todos los ingredientes menos la carne y la maicena. Agregar la carne, cerrar la bolsa y ponerla en la refrigeradora por al menos 8 horas o hasta el día siguiente, dando vuelta a la bolsa de vez en cuando.

2 Sacar la carne de la bolsa y poner en una sartén grande. Agregar la maicena a la salsa que queda en la bolsa; mezclar bien y poner a un lado. Dorar la carne sobre fuego medio-alto por 5 minutos de cada lado. Reducir el fuego a medio-bajo, agregar la mezcla de maicena, tapar, y cocinar por 30 minutos.

3 Destapar y cocinar por otros 30 a 40 minutos, o hasta que llegue a su término deseado. Rebanar finamente contra la veta y servir con los jugos de la sartén.

Intercambios

3 Carne Magra
1/2 Grasa

Calorías 191
  Calorías de grasa 80
Grasa total . . . . 9 g
  Grasa Saturada . . . . . . 1 g
Colesterol . . . . 58 mg
Sodio . . . . 180 mg
Carbohidrato total . . . . 3 g
  Fibra dietética . . . . 0 g
  Azúcares . . . . 1 g
Proteína . . . . 24 g

"Entre más tiempo se deja marinar esta carne más sabor mantendrá cuando se cocine. Y si hay sobras ¡puedes usarlas el día siguiente en un emparedado abierto para el almuerzo!"

Guisado de Carne de Res del Fin de Semana

Porción: 1 1/2 tazas, Total: 6 Porciones

3 cucharadas de harina

1 libra de bistec de falda ("beef flank steak"), cortado en trozos de 1/2 pulgada

3 cucharadas de aceite de canola

2 tazas de agua

1 taza de café negro, sin cafeína

1 cucharadita de tomillo seco

1 cucharadita de sal

1 cucharadita de pimienta negra molida

6 papas medianas, peladas y cuarteadas

6 zanahorias, cortadas en trozos grandes

3 cebollas medianas, cuarteadas

1 cucharada de salsa para dorar y sazonar

1 Poner la harina en un tazón llano; agregar los pedazos de bistec y cubrirlos completamente con la harina. En una olla sopera, calentar el aceite sobre fuego medio-alto; agregar el bistec y dorar por todos los lados por 8 a 10 minutos.

2 Agregar el agua, el café, el tomillo, la sal y la pimienta al bistec; mezclar bien y dejar hervir. Reducir el fuego a bajo, tapar, y cocinar por 1 hora.

3 Agregar los ingredientes que faltan, aumentar el fuego a alto y dejar hervir. Reducir el fuego a bajo y cocinar por 50 a 60 minutos, o hasta que la carne y las verduras estén tiernas, revolviendo de vez en cuando.

Intercambios

2 Fécula
3 Vegetales
1 Carne Magra
1 1/2 Grasa

Calorías 357
  Calorías de grasa . . . 112
Grasa total . . . . 12 g
  Grasa Saturada . . . . . 2.8 g
Colesterol . . . . 35 mg
Sodio . . . . 505 mg
Carbohidrato total . . . 43 g
  Fibra dietética . . . . 6 g
  Azúcares . . . . 9 g
Proteína . . . . .18 g

"¿Por qué no cocinar este guisado nutritivo un fin de semana y guardarlo en el congelador, en envases de porciones para una persona, para tenerlos listos para almuerzos o comidas rápidas durante la semana?"

"Stroganoff" sin Remordimiento

Porción: 1/8 de la receta, Total: 8 Porciones

1 corte de bistec tipo "beef top sirloin steak" de 1 libra, sin hueso, limpiado y finamente rebanado a lo largo de las vetas

1 cebolla pequeña, picada

1 libra de hongos frescos, rebanados

1 lata (10 3/4 onzas) de sopa de crema de hongos condensada, reducida en grasa

1 taza de vino blanco seco

1/4 cucharadita de pimienta negra molida

1 libra de fideos de clara de huevo, no cocidos

1/2 taza de crema agria, reducida en grasa

2 cucharadas de perejil fresco, picado

1 Rociar una sartén de teflón con aceite en spray. Agregar la carne y la cebolla y dorar sobre fuego medio-alto por 5 a 7 minutos, o hasta que no quede nada de rosado en la carne y las cebollas estén tiernas, revolviendo todo de vez en cuando.

2 Agregar y cocinar los hongos por 3 minutos, o hasta que estén tiernos. Reducir el fuego a medio-bajo y agregar la sopa de crema de hongos, el vino, y la pimienta, revolviendo todo. Cocinar por 25 minutos, o hasta que la carne esté tierna.

3 Preparar los fideos de acuerdo con las instrucciones en el paquete, omitir la sal; escurrir. Poner a un lado y tapar para mantener tibio.

4 Agregar la crema agria y el perejil a la mezcla de la carne y cocinar por 1 minuto, o hasta que esté completamente caliente; no lo dejarlo hervir. Servir sobre los fideos tibios.

Intercambios

3 Fécula
2 Carne Muy Magra
1 Vegetal

Calorías 342
Calorías de grasa 47
Grasa total . . . . 5 g
Grasa Saturada . . . . . . 2 g
Colesterol . . . . 38 mg
Sodio . . . . 212 mg
Carbohidrato total . . . 48 g
Fibra dietética . . . . 4 g
Azúcares . . . . 6 g
Proteína . . . . 22 g

"¿No creías que pudieras comer platillos tan ricos y cremosos? Utilizando ingredientes reducidos en grasa y fideos de clara de huevos, podemos comer platillos ricos sin tener que hacer trampa en lo que respecta a nuestro plan de comidas".

Pastel de Carne al Estilo Casero

Porción: 1 rebanada, Total: 10 Porciones

2 libras de carne de res molida, magra al 95%

1 lata (8 1/4 onzas) zanahorias cortadas a la juliana, escurridas

1 lata (13 1/2 onzas) de hongos, tallos y pedazos, escurridos

1/2 taza de migas de copos de maíz

1 cucharada de cebolla seca, picada

1/2 taza de sustituto de huevos

1/2 cucharadita de pimienta negra molida

3 cucharadas de ketchup

1 Precalentar el horno a 350°F. Rociar un molde para panes de 5" x 9" con aceite en spray.

2 En un tazón grande, combinar la carne molida, las zanahorias, los hongos, las migas de copos de maíz, la cebolla picada, el sustituto de huevos y la pimienta; mezclar bien. Poner en el molde y untar el ketchup sobre el lado de arriba.

3 Poner a hornear por 1 1/4 a 1 1/2 horas, o hasta que no quede nada de rosado en la carne. Dejar reposar por 5 minutos. Escurrir el exceso de líquido y después rebanar y servir.

Intercambios

1/2 Carbohidrato
2 Carne Magra

Calorías 163
Calorías de grasa 44
Grasa total . . . . 5 g
Grasa Saturada . . . . . 2.1 g
Colesterol . . . . 55 mg
Sodio . . . . 281 mg
Carbohidrato total . . . . 8 g
Fibra dietética . . . . 1 g
Azúcares . . . . 2 g
Proteína . . . . 21 g

"¿Tienes ganas de comer algo consolador? ¡Pastel de carne al rescate! No solamente es bueno para una comida deliciosa, sino que algunas personas (¡como yo!) opinan que es aun mejor al día siguiente en un emparedado".

"Sloppy Joes"

1 libra de carne de res molida, magra

1 zapallito italiano ("zuchini"), picado

1 cebolla pequeña, picada

1 tomate pequeño, picado

2 tazas de salsa de espagueti tipo "lite"

8 panecillos de hamburguesa, cortados

1 En una sartén grande, dorar la carne molida, el zapallito y la cebolla sobre fuego medio-alto por 10 a 12 minutos, o hasta que la carne no tenga nada de rosado y el zapallito esté tierno.

2 Reducir el fuego a medio-bajo y agregar el tomate y la salsa de espagueti. Cocinar por 4 a 5 minutos, o hasta que esté completamente caliente.

3 Poner con cuchara sobre las mitades de los panecillos, cubrir con la otra mitad del panecillo y servir de inmediato.

Intercambios
2 Fécula
1 Carne con Grasa Mediana
1/2 Grasa

Calorías	267
Calorías de grasa	87
Grasa total	10 g
Grasa Saturada	3 g
Colesterol	36 mg
Sodio	586 mg
Carbohidrato total . . .	29 g
Fibra dietética	3 g
Azúcares	8 g
Proteína	15 g

"Agregar verduras a nuestras proteínas es una forma muy buena de llenar y alargar nuestras comidas sin exceder los límites de calorías de los planes de comidas".

Lomillo de Cerdo con Limón

Porción: 4 a 6 rebanadas, Total: 8 Porciones

1/4 taza más una cucharada de aceite de oliva, dividido

Jugo de 2 limones (1/4 taza)

4 dientes de ajo, en mitades

2 lomillos de cerdo bien recortados (aproximadamente 2 libras en total)

2 cucharadas de azúcar morena

1/2 cucharadita de sal

1 En una bolsa plástica resellable o en un plato llano, combinar 1/4 taza del aceite de oliva, el jugo de limón y el ajo; agregar los lomillos. Cerrar la bolsa o tapar el plato y poner en la refrigeradora por 30 minutos, dando vuelta a los lomillos después de 15 minutos.

2 Calentar lo que queda (1 cucharada) del aceite de oliva en una sartén grande sobre fuego medio-alto. Poner los lomillos en la sartén, guardando la salsa que se utilizó para marinar. Cocinar por 10 a 12 minutos, hasta que estén cocidos a término medio (o a término deseado, cocinando más que ese tiempo), dando vuelta para dorar en ambos lados.

3 Poner los lomillos en una tabla de cortar y cubrir para mantenerlos tibios. Poner la marinada, el azúcar morena y sal en la sartén y dejar hervir. Reducir el fuego a bajo y cocinar por 5 minutos.

4 Rebanar los lomillos de cerdo y servir con la salsa encima.

Intercambios

3 Carne Magra
1 Grasa

Calorías 228
  Calorías de grasa . . 112
Grasa total . . . . 12 g
  Grasa Saturada . . . . . 2.5 g
Colesterol . . . . 66 mg
Sodio . . . . 195 mg
Carbohidrato total . . . . 4 g
  Fibra dietética . . . . 0 g
  Azúcares . . . . 4 g
Proteína . . . . 24 g

Chuletas de Cerdo a la Sartén

Porción: 1 chuleta, Total: 4 Porciones

4 chuletas de cerdo (8 onzas c/u), bien recortadas de grasa

1/4 cucharadita de canela molida

1/4 cucharadita de sal

1/4 cucharadita de pimienta negra molida

2 cucharadas de aceite de canola

2 cebollas medianas, cortadas cada una en 6 pedazos en forma de cuñas

3 zanahorias medianas, cortadas en trozos de 1 pulgada

1 Sazonar ambos lados de las chuletas con la canela, la sal y la pimienta.

2 En una sartén grande, calentar el aceite sobre fuego medio-alto. Dorar las chuletas por 4 a 5 minutos de cada lado.

3 Agregar las cebollas y las zanahorias a la sartén. Reducir el fuego a bajo, tapar y cocinar por 25 a 30 minutos, o hasta que las verduras estén tiernas y las chuletas estén completamente cocidas. Servir las verduras con las chuletas.

Intercambios

3 Vegetal
4 Carne Magra
1 Grasa

Calorías	340
Calorías de grasa . . .	146
Grasa total	16 g
Grasa Saturada	3.9 g
Colesterol	94 mg
Sodio	257 mg
Carbohidrato total . . .	13 g
Fibra dietética	3 g
Azúcares	6 g
Proteína	34 g

"Este platillo va muy bien con Puré de Papas con Ajo (pág. 152)".

Chuletas de Cerdo Asadas con Hierbas

Porción: 1 chuleta, Total: 4 Porciones

3 cucharadas de jugo de limón fresco

3 cebollinos, finamente rebanados

3 dientes de ajo, finamente picados

1 1/2 cucharaditas de romero seco, desmenuzado

1/4 cucharada de pimienta negra molida

4 chuletas de cerdo (6 onzas c/u), bien recortadas

Aceite en spray

1 Precalentar el horno a 400°F. Rociar una cacerola cuadrada para hornear de 8 pulgadas con aceite en spray.

2 En un tazón llano, combinar el jugo de limón, los cebollinos, el ajo, el romero y la pimienta. Poner cada chuleta en la mezcla de limón y cubrir completamente con la salsa. Poner las chuletas en la cacerola.

3 Rociar las chuletas levemente con aceite en spray. Hornear por 15 a 20 minutos, o hasta que estén cocidas al término deseado.

Intercambios
3 Carne Magra

Calorías 182
   Calorías de grasa 65
Grasa total . . . . 7 g
   Grasa Saturada . . . . . 2.7 g
Colesterol . . . . 71 mg
Sodio . . . . 57 mg
Carbohidrato total . . . . 3 g
   Fibra dietética . . . . 1 g
   Azúcares . . . . 1 g
Proteína . . . . 25 g

"¿Tienes un amigo (o amigos) con diabetes? Haz lo que yo hago. Desafíense a ustedes mismos para ver quién puede lograr los mejores resultados para la prueba de A1C cada 3 meses. La motivación nos lleva a todos más allá de nosotros mismos . . . ¡especialmente si quien tenga el nivel más bajo gana como premio una comida en un restaurante de primera!"

Lomillo de Cerdo Delicioso

Porción: 4 a 5 rebanadas, Total: 8 Porciones

1/4 taza de miel

1/3 taza de jugo de limón

1 cucharadita de cáscara de limón rallada

2 dientes de ajo, finamente picados

2 cucharadas de mostaza amarilla

1/2 cucharadita de sal

1/2 cucharadita de pimienta

2 lomillos de cerdo (total 2 libras), bien recortados de grasa

1 En una bolsa plástica resellable, combinar todos los ingredientes menos los lomillos; mezclar bien. Agregar los lomillos, cerrar la bolsa y dejar marinar en la refrigeradora por al menos 4 horas, o durante toda una noche, dando vuelta a la bolsa de vez en cuando.

2 Precalentar la parrilla. Poner los lomillos en una cacerola de la parrilla o en una bandeja de hornear con bordes; botar la marinada que queda en la bolsa. Poner a asar por 7 a 9 minutos por cada lado, o hasta que esté al término deseado.

3 Rebanar los lomillos contra la veta y servir.

Intercambios

1/2 Carbohidrato
3 Carne Muy Magras
1/2 Grasa

Calorías 154
  Calorías de grasa 38
Grasa total . . . . 4 g
  Grasa Saturada . . . . . . 1 g
Colesterol . . . . 65 mg
Sodio . . . . 144 mg
Carbohidrato total . . . . 5 g
  Fibra dietética . . . . 0 g
  Azúcares . . . . 5 g
Proteína . . . . 24 g

¡Bueno para ti!

El lomillo de cerdo es uno de los cortes de carne más magros que se pueden obtener en los supermercados. Si se recorta bien de grasa, una porción tiene solamente 1 gramo de grasa saturada. ¡Por eso es una selección muy saludable!

Carne de Ternera con Tomate y Albahaca

Porción: 1 pedazo, Total: 4 Porciones

1/4 taza de harina de trigo entero

1/4 cucharadita de sal

1/4 cucharadita de pimienta negra molida

2 cucharadas de aceite de canola

4 chuletas de ternera (total 1 libra)

1/4 taza de tomates secados al sol ("sun dried tomatoes"), reconstituidos y cortados en tiras

3 cucharadas de albahaca fresca, picada y dividida

1 En un plato llano, combinar la harina, la sal y la pimienta; mezclar bien. Poner las chuletas en la mezcla de harina y cubrir completamente de ambos lados.

2 Calentar el aceite en una sartén grande sobre fuego medio-alto. Agregar las chuletas, los tomates y 2 cucharadas de la albahaca. Sofreír las chuletas por 2 a 3 minutos de cada lado, o hasta que estén doradas y completamente cocidas.

3 Poner encima de las chuletas el resto de la albahaca y servir.

Intercambios
1/2 Fécula
3 Carne Magra
1/2 Grasa

Calorías 231
 Calorías de grasa . . . 95
Grasa total . . . . 11 g
 Grasa Saturada . . . . . 1.7 g
Colesterol . . . . 90 mg
Sodio . . . . 191 mg
Carbohidrato total . . . . 7 g
 Fibra dietética . . . . 1 g
 Azúcares . . . . 1 g
Proteína . . . . 26 g

"Como muchas de las personas que trabajan hoy en día, Nicole tiene una agenda que no la deja parar, requiriendo tener alimentos saludables listos en un dos por tres. Yo le prometí a ella que podría literalmente tener este platillo del fuego a la mesa en menos de 20 minutos. Ella se dio cuenta de que yo estaba en lo cierto . . . ¡y tú también puedes!"

Mariscos Sensacionales

Mahimahi Encostrado con Pistachos

Porción: 1 filete, Total: 6 Porciones

6 filetes de mahimahi fresco (5 onzas c/u)

Jugo de 1 limón

1/2 cucharadita de nuez moscada en polvo

1/4 cucharadita de pimienta negra molida

Sal al gusto

1/2 taza de pistachos, picados

2 cucharadas de mantequilla, derretida

1 Precalentar el horno a 350°F. Colocar los filetes de mahimahi en una bandeja de hornear con bordes. Sazonar con el jugo de limón, la nuez moscada, la pimienta y la sal, si se desea sal. Cubrir los filetes con los pistachos y rociar con la mantequilla derretida.

2 Hornear por 20 a 22 minutos, o hasta que el pescado se separe fácilmente con un tenedor. Servir de inmediato.

¡Bueno para ti!

Las distintas nueces tienen distintos valores nutritivos, y el pistacho es uno de los que contienen la menor cantidad de grasa saturada y colesterol. Por lo tanto, cuando estés tratando de decidir el tipo de nuez que quieras comer, debes leer la etiqueta del paquete para estar seguro de que te mantienes dentro de tus límites dietéticos.

Intercambios
4 Carne Magra

Calorías 222
  Calorías de grasa 94
Grasa total . . . . 10 g
  Grasa saturada . . . . . . 3 g
Colesterol . . . . 115 mg
Sodio . . . . 167 mg
Carbohidrato total . . . . 3 g
  Fibra dietética . . . . . . 1 g
  Azúcares . . . . 1 g
Proteína . . . . 28 g

Salmón Encostrado

Porción: 1 filete de salmón, Total: 4 Porciones

4 filetes de salmón (5 onzas c/u)

1/3 taza de mayonesa tipo "lite"

1 cucharadita de jugo de limón fresco

1 diente de ajo, finamente picado

1 cucharadita de hierba de eneldo ("dillweed") seco

1/4 cucharadita de sal

1/4 cucharadita de pimienta negra molida

1 Precalentar la parrilla del horno. Rociar con aceite en spray una cacerola para asar a la parrilla o una bandeja de hornear con borde. Poner el salmón en la cacerola.

2 En un tazón pequeño, combinar todos los ingredientes que faltan; mezclar bien. Untar la mezcla uniformemente sobre el salmón y poner a asar por 10 a 12 minutos, o hasta que el pescado se separe fácilmente con un tenedor. Servir de inmediato.

Intercambios

4 Carne Magra
1/2 Grasa

Calorías	256
Calorías de grasa . . .	109
Grasa total	12 g
Grasa saturada	2.1 g
Colesterol	96 mg
Sodio	380 mg
Carbohidrato total	4 g
Fibra dietética	0 g
Azúcares	1 g
Proteína	30 g

"Muchas personas tienen miedo de cocinar pescado en la casa porque creen que es un proceso complicado. Pero esta receta fácil tiene solamente dos pasos. ¿Qué tan fácil es eso? Mientras se está asando, a la mezcla de mayonesa se le forman burbujas y se sellan los jugos para que el pescado sea más jugoso.

Halibut al Estilo Cajún

Porción: 1 filete de halibut, Total: 4 Porciones

1/4 cucharadita de sal

1 cucharadita de pimienta negra molida

1/4 cucharadita de pimienta roja molida

1/4 cucharadita de paprika

1/4 cucharadita de ajo en polvo

4 filetes de halibut (4 onzas c/u)

1 En un tazón pequeño, combinar la sal, la pimienta negra y roja, la paprika y el ajo en polvo; mezclar bien. Frotar bien sobre cada pedazo de pescado.

2 Precalentar una sartén grande de teflón sobre fuego medio-alto. Cuando esté caliente, remover del calor y poner lejos de la estufa; rociar con aceite en spray.

3 Regresar la sartén al fuego, agregar el pescado y cocinar por 3 a 4 minutos de cada lado, o hasta que el pescado esté completamente cocido y se pueda separar fácilmente con un tenedor. Servir de inmediato.

Intercambios
4 Carne Muy Magra

Calorías 126
  Calorías de grasa 23
Grasa total . . . . 3 g
  Grasa saturada . . . . 0 g
Colesterol . . . . 37 mg
Sodio . . . . 208 mg
Carbohidrato total . . . . 0 g
  Fibra dietética . . . . 0 g
  Azúcares . . . . 0 g
Proteína . . . . 24 g

Nota

Si quieres probar ésta en una versión un poco menos picante, disminuye por mitad la cantidad de pimienta negra y roja.

Mejillones al Pomodoro

Porción: 1/8 de la receta, Total: 8 Porciones

1 libra de espagueti

2 libras de mejillones, limpiados (ver la "Nota")

1 lata (14 1/2 onzas) de tomates cocidos en su jugo

1/4 taza de vino blanco seco

2 dientes de ajo, finamente picados

1/2 cucharadita de orégano seco

1/4 cucharadita de pimienta negra molida

1 Cocinar el espagueti de acuerdo a las instrucciones del paquete, omitiendo la sal; escurrir.

2 Mientras tanto, en una olla sopera, combinar los ingredientes que quedan sobre fuego alto; dejar hervir. Reducir el fuego a bajo, tapar y cocinar por 2 a 3 minutos, o hasta que los mejillones se abran. **Botar los mejillones que no se abren.**

3 Servir el espagueti en tazones con los mejillones y la salsa encima.

Nota

Si compras mejillones que no vienen limpios y listos para cocinar, haz lo siguiente: lávalos bajo agua fría, dejando correr el agua, y retregándolos con un cepillo para alimentos para eliminar toda la arena. Quita la barba negra de cada mejillón cortándola o halándola hasta que se separe.

Intercambios

3 Fécula
1 Carne Muy Magra

Calorías 285
Calorías de grasa 23
Grasa total . . . . 3 g
Grasa saturada . . . . 0 g
Colesterol . . . . 18 mg
Sodio . . . . 254 mg
Carbohidrato total . . . 49 g
Fibra dietética . . . . 2 g
Azúcares . . . . 6 g
Proteína . . . . 15 g

Salmón a la Florentina

1 cucharadita de aceite de oliva

4 dientes de ajo, finamente picados

1/4 cucharadita de pimienta negra molida

1 paquete (10 onzas) de espinaca fresca, lavada y recortada

4 filetes de salmón (5 onzas c/u)

Jugo de 1/2 limón

1/4 cucharadita de albahaca seca

1 En una olla sopera, calentar el aceite sobre fuego medio. Agregar el ajo y la pimienta molida y sofreír por 1 minuto, hasta que el ajo esté dorado.

2 Agregar la espinaca y mezclar para cubrirla con la salsa. Poner los filetes de salmón sobre la espinaca y rociar con el jugo de limón y la albahaca.

3 Reducir el fuego a medio bajo, tapar y cocinar por 10 a 12 minutos, o hasta que la espinaca esté cocida y el salmón se separe fácilmente con un tenedor. Servir los filetes con la espinaca encima.

Sabías que ...

aunque el salmón se considera un pescado con mucha grasa, es una excelente fuente de ácidos grasos omega-3, los que favorecen la salud cardiovascular? El salmón es rico también en proteína y no tiene casi nada de carbohidratos. Ahora, eso es lo que yo considero una comida para estar en buena forma.

Intercambios
4 Carne Magra
1 Grasa

Calorías 291
  Calorías de grasa . . . 142
Grasa total . . . . 16 g
  Grasa saturada . . . . . 2.6 g
Colesterol . . . . 96 mg
Sodio . . . . 130 mg
Carbohidrato total . . . . 4 g
  Fibra dietética . . . . 2 g
  Azúcares . . . . 0 g
Proteína . . . . 32 g

Pescado "Frito" al Horno

Porción: 1 pedazo, Total: 8 Porciones

2 claras de huevo, batidas

1/2 cucharadita de hierba de eneldo ("dillweed") seco

1/2 cucharadita de pimienta negra molida

1 taza de migas de copos de maíz

2 libras de filete de abadejo, fresco o congelado (descongelado si está congelado), cortado en 8 pedazos

Aceite en spray

1 Precalentar el horno a 400°F. Rociar una bandeja de hornear con aceite en spray.

2 En un tazón llano, combinar las claras de huevo, el eneldo y la pimienta. Poner las migas de copo de maíz en otro tazón llano. Introducir el pescado en la mezcla de huevo y después en las migas de copos de maíz, cubriéndolo completamente. Poner el pescado en la bandeja de hornear.

3 Rociar el pescado con aceite en spray y hornear por 18 a 20 minutos, o hasta que se separe fácilmente con un tenedor.

Intercambios
1/2 Fécula
3 Carne Muy Magra

Calorías 144
   Calorías de grasa 8
Grasa total . . . . 1 g
   Grasa saturada . . . . 0 g
Colesterol . . . . 65 mg
Sodio . . . . 208 mg
Carbohidrato total . . . 10 g
   Fibra dietética . . . . 0 g
   Azúcares . . . . 1 g
Proteína . . . . 23 g

"Es una mejor opción si usas el horno para preparar el pescado en vez de freírlo. Todos se benefician si tienen menos grasa en su dieta, ¿verdad? ¡Absolutamente cierto!"

Camarones con Lingüini al Ajillo

Porción: 1/8 de la receta, Total: 8 Porciones

1 libra de lingüini

2 cucharadas de aceite de oliva

2 cucharadas de margarina en barra de aceite de maíz

2 zapallitos italianos ("zucchini"), cuarteados a lo largo y rebanados

12 dientes de ajo, finamente picados

1/2 cucharadita de sal

1/2 cucharadita de pimienta molida

1 libra de camarones medianos (20 a 30 por libra), pelados y desvenados, dejando las colas

1/4 taza de vino blanco seco

3 cucharadas de perejil fresco, picado

2 cucharadas de jugo de limón fresco

1 Cocinar el lingüini de acuerdo a las instrucciones del paquete, omitiendo la sal; escurrir.

2 Mientras tanto, en una sartén grande, calentar el aceite y la mantequilla sobre fuego medio. Agregar el zapallito italiano, la sal, el ajo y la pimienta y sofreír por 3 a 4 minutos, hasta que el zapallito empiece a ablandarse. Agregar los camarones, el vino y el perejil y sofreír por 2 a 3 minutos, hasta que los camarones se tornen rosados.

3 Verter la mezcla de los camarones sobre el lingüini, agregar el jugo de limón, y revolver. Servir de inmediato.

Intercambios

3 Fécula
1 Carne Muy Magra
1 Grasa

Calorías 317
  Calorías de grasa 69
Grasa total . . . . 8 g
  Grasa saturada . . . . . 1.2 g
Colesterol . . . . 65 mg
Sodio . . . . 258 mg
Carbohidrato total . . . 46 g
  Fibra dietética . . . . 3 g
  Azúcares . . . . 3 g
Proteína . . . . 15 g

"Si te gusta el ajo (¿y a quién no le gusta?), te gustará este platillo que está lleno de ajo. Sorpresivamente, el sabor del ajo no oculta ninguno de los otros sabores".

Estofado de Camarones "Frogmore"

8 tazas de agua

1 cucharada de sazón para mariscos sin sal

1/4 cucharadita de pimienta roja molida

3/4 libra de chorizos de pavo tipo "kielbasa", cortados en pedazos de 2 pulgadas

3 papas medianas, cortadas a la mitad

3 cebollas medianas, cortadas a la mitad

2 mazorcas de maíz grandes, despellejadas y cortadas en pedazos de 3 pulgadas

1 libra de camarones medianos (20 a 30 por libra), sin pelar

1 En una olla sopera, combinar el agua, la sazón para mariscos y la pimienta roja molida y poner a hervir sobre fuego alto.

2 Agregar la salchicha, las papas, las cebollas y el maíz y cocinar por 15 a 20 minutos, o hasta que las papas estén tiernas al probarlas con un tenedor. Agregar los camarones y cocinar por 2 a 3 minutos, o hasta que los camarones se tornen rosados y se hayan cocido completamente.

3 Colar el estofado y servir de inmediato, junto con tazones llenos de caldo para sopear.

¿Sabías que . . .

este estofado con el nombre raro es un favorito en las fiestas playeras del sur? Proviene de las Carolinas donde, la historia nos cuenta, fue creado cuando un soldado de la guardia nacional limpió su refrigeradora y sacó sobras de camarones, salchicha, mazorca de maíz y un manojo de especias en una olla grande y los puso a hervir. La forma tradicional de tratar este plato es cubrir la mesa con papel de periódico limpio, hacer hervir el estofado, escurrirlo y verterlo sobre el periódico en donde todos pueden recoger y comerlo que quieran. Asegúrate de tener el caldo para sopear.

Intercambios

2 Fécula
1 Vegetal
2 Carne Magra

Calorías 274
  Calorías de grasa 54
Grasa total . . . . 6 g
  Grasa saturada . . . . . 2.2 g
Colesterol . . . . 119 mg
Sodio . . . . 717 mg
Carbohidrato total . . . 36 g
  Fibra dietética . . . . 4 g
  Azúcares . . . . 8 g
Proteína . . . . 21 g

Pastelillos de Cangrejo Dorados

Porción: 2 Pastelillos, Total: 6 Porciones

1 taza de migas de pan con sabor italiano

3 huevos

1 tallo de apio, picado

3 cucharadas de mayonesa tipo "lite"

1 1/2 cucharada de salsa inglesa "Worcestershire"

3 cucharadas de queso mozzarella parcialmente descremado, desmenuzado

1 cucharadita de pimienta negra molida

3 latas (6 1/2 onzas c/u) de carne de cangrejo en trozos, escurridos

2 cucharadas de aceite de canola

1 En un tazón mediano, combinar todos los ingredientes menos la carne de cangrejo y el aceite; mezclar bien. Agregar la carne de cangrejo, teniendo cuidado de no romper los trozos, y formar 12 tortitas de igual tamaño.

2 Calentar el aceite en una sartén grande sobre fuego medio. Agregar las tortitas y cocinar por 3 a 4 minutos de cada lado, o hasta que estén doradas. Servir de inmediato.

Intercambios

1 Fécula
2 Carne Muy Magra
2 Grasa

Calorías 250
  Calorías de grasa . . . 107
Grasa total . . . . 12 g
  Grasa saturada . . . . 2 g
Colesterol . . . . 166 mg
Sodio . . . . 625 mg
Carbohidrato total . . . 15 g
  Fibra dietética . . . . 1 g
  Azúcares . . . . 1 g
Proteína . . . . 19 g

Salteado de Vieiras con Ajonjolí

Porción: 1 taza, Total: 8 Porciones

2 cucharadas de aceite de ajonjolí ("sesame oil")

2 dientes de ajo, finamente picados

1 cucharadita de paprika

1 libra de callos de hacha (vieiras)

2 cucharadas de semillas de ajonjolí

1 cucharada de jengibre en polvo

1 cabeza de "bok choy" (cerca de 3 libras de repollo chino blanco), recortado y picado

1 paquete (16 onzas) de verduras tipo "stirfry", descongeladas y escurridas

1 cucharada de salsa de soya tipo "lite"

1 Calentar el aceite de ajonjolí en una olla oriental ("wok") o sartén grande sobre fuego alto. Agregar el ajo, la paprika y las vieiras y sofreír hasta que las vieiras estén completamente cocidas. Con una cuchara con ranuras, sacar las vieiras y ponerlas en un tazón y tapar para mantenerlas tibias.

2 Agregar las semillas de ajonjolí y el jengibre a la olla y cocinar por 1 a 2 minutos, o hasta que el líquido se absorba. Agregar el repollo chino y las verduras y sofreír por 4 a 5 minutos.

3 Regresar las vieiras a la olla y agregar la salsa de soya. Sofreír por 1 a 2 minutos, o hasta que esté completamente caliente. Servir de inmediato.

Intercambios

1 Carne Muy Magra
1 Vegetal
1 Grasa

Calorías 109
  Calorías de grasa 45
Grasa total . . . . 5 g
  Grasa saturada . . . . . . 1 g
Colesterol . . . . 15 mg
Sodio . . . . 205 mg
Carbohidrato total . . . . 6 g
  Fibra dietética . . . . 3 g
  Azúcares . . . . 3 g
Proteína . . . . 9 g

Camarones en Palito "Bimini"

Porción: 2 palitos, Total: 4 Porciones

8 palitos

1 libra de camarones medianos (40 contados), pelados y devenados, dejando las colas

Jugo de 1 limón

1 cucharada de miel

1/4 cucharadita de pimienta negra molida

1/4 cucharadita de jengibre molido

2 melocotones frescos, pelados y cortados, o 2 tazas de melocotones en lata, escurridos

1/2 pimentón verde pequeño, finamente picado

1/2 cebolla pequeña, finamente picada

1 Si vas a utilizar palitos de madera, remojarlos en agua por 20 minutos. Rociar con aceite en spray una cacerola para asar a la parrilla o una bandeja de hornear con borde.

2 Precalentar la parrilla del horno. Poner 5 camarones en cada palito y colocar los palitos en la cacerola para asar.

3 En un tazón pequeño, combinar el jugo de limón, la miel, la pimienta negra molida y el jengibre; mezclar bien. Sacar 2 cucharadas de la mezcla y poner en otro tazón mediano y dejar al lado. Pincelar la mezcla sobre todos los lados de los camarones y poner a asar por 4 a 5 minutos, o hasta que se tornen rosados.

4 Mientras tanto, agregar los ingredientes que faltan a la mezcla reservada; mezclar bien para hacer una salsa de melocotón. Esparcir la salsa sobre 4 platos de servir y poner dos palitos con camarones en cada uno. Servir de inmediato.

Intercambios

1 Carbohidrato
2 Carne Muy Magra

Calorías	. . . .	135
Calorías de grasa	. . . . .	9
Grasa total	. . . .	1 g
Grasa saturada	. . . .	0 g
Colesterol	. . . .	161 mg
Sodio	. . . .	186 mg
Carbohidrato total	. . .	14 g
Fibra dietética	. . . .	2 g
Azúcares	. . . .	11 g
Proteína	. . . .	18 g

"A un vuelo corto de Fort Lauderdale, Florida, está localizada la isla de pescadores de Bimini. Famosa por sus lugares de pesca, la isla también es famosa por sus platillos de mariscos interesantes, como éste "kabob" con camarones, melocotones y pimentones".

Filete de Lenguado "Amandine"

Porción: 1 filete, Total: 4 Porciones

4 filetes de lenguado ("sole"), de 4 onzas c/u

1/2 cucharadita de pimienta negra molida

2 cucharadas de margarina en barra de aceite de maíz

1/4 taza de almendras rebanadas

1 Precalentar el horno. Rociar con aceite en spray una cacerola para asar a la parrilla o una bandeja de hornear con borde. Sazonar los filetes con la pimienta y poner en la cacerola.

2 Asar por 4 a 6 minutos (sin darlos vuelta), o hasta que se separen fácilmente al tocarlos con un tenedor.

3 Mientras tanto, en una sartén pequeña, derretir la margarina sobre fuego medio-bajo. Agregar las almendras y cocinar por 1 a 2 minutos, o hasta que estén doradas, revolviendo constantemente. Con una cuchara, verter la mezcla de salsa sobre los filetes y servir de inmediato.

¿Sabías que . . .

algunas de las grasas son mejores que otras? Nueces tales como las almendras, las que se utilizan en esta receta, contienen grasas monoinsaturadas, las más saludables para nosotros. ¿Qué grasas debemos mantener en un consumo mínimo? Las grasas saturadas, que se encuentran más comúnmente en mantequilla, tocino y carnes.

Intercambios

3 Carne Muy Magra
2 Grasa

Calorías 202
Calorías de grasa . . . 100
Grasa total . . . . 11 g
Grasa saturada . . . . . 1.4 g
Colesterol . . . . 60 mg
Sodio . . . . 152 mg
Carbohidrato total . . . . 2 g
Fibra dietética . . . . 1 g
Azúcares . . . . 0 g
Proteína . . . . 23 g

Almejas Sazonadas

Porción: 1 docena de almejas, Total: 4 Porciones

1/2 taza de agua

2 cucharadas de margarina en barra de aceite de maíz

4 dientes de ajo, finamente picados

1/4 taza de perejil fresco, picado

1/4 cucharadita de pimienta roja molida

4 docenas de almejas tipo "little-neck", restregadas

1 En una olla sopera, combinar el agua, la margarina, el ajo, el perejil y la pimienta roja. Tapar y dejar hervir sobre fuego alto.

2 Agregar las almejas a la olla. Tapar y reducir el fuego a medio. Cocinar por 6 a 8 minutos, o hasta que las almejas se abran. **Botar las almejas que no se abren.**

3 Servir las almejas con el caldo de la olla.

Intercambios

1/2 Carbohidrato
4 Carne Muy Magra
1 Grasa

Calorías 234
   Calorías de grasa 72
Grasa total . . . . 8 g
   Grasa saturada . . . . . 1.3 g
Colesterol . . . . 80 mg
Sodio . . . . 195 mg
Carbohidrato total . . . . 7 g
   Fibra dietética . . . . 0 g
   Azúcares . . . . 6 g
Proteína . . . . 31 g

"No necesitamos ir a la playa para gozar de una merienda playera. Podemos simplemente preparar este platillo delicioso del mar en nuestras propias cocinas. ¡Y TEN CUIDADO! ¡Esas conchas de almejas son muy CALIENTES!"

Atún Encostrado con Ajonjolí

4 filetes de atún (de 4 onzas c/u)

2 cucharaditas de aceite de ajonjolí ("sesame oil")

1 diente de ajo, finamente picado

1/8 cucharadita de sal

1/2 cucharadita de pimienta negra molida

1/2 taza de semillas de ajonjolí

1 Frotar ambos lados de los filetes de atún con el aceite de ajonjolí y el ajo y sazonar con la sal y la pimienta negra.

2 Poner las semillas de ajonjolí en un plato llano y presionar el atún contra las semillas para cubrirlo completamente.

3 Calentar una sartén grande sobre fuego medio alto. Agregar el atún recubierto y cocinar por 3 a 4 minutos de cada lado, o hasta que se cocine al término deseado.

Toque Final

Si el sodio no es un problema, rocía este platillo con salsa de soya tipo "lite" un poquito antes de servirlo.

Intercambios

4 Carne Magra
1 Grasa

Calorías 281
  Calorías de grasa . . . 150
Grasa total . . . . 17 g
  Grasa saturada . . . . . . 2 g
Colesterol . . . . 42 mg
Sodio . . . . 114 mg
Carbohidrato total . . . . 4 g
  Fibra dietética . . . . . . 2 g
  Azúcares . . . . 2 g
Proteína . . . . 29 g

Verduras para los Amantes de Ellas

Lasaña Primavera

9 pedazos de pasta para lasaña (8 onzas)

2 cucharadas de aceite vegetal

2 calabazas amarillas, cortadas en trozos de 1/2 pulgada

1 zapallito italiano ("zuchini"), cortado en trozos de 1/2 pulgada

1 pimentón rojo grande, picado

1/2 libra de hongos frescos, rebanados

3 dientes de ajo, finamente picados

1 envase (15 onzas) de queso ricotta sin grasa

2 tazas (8 onzas) de queso mozzarella sin grasa, desmenuzada y dividida

1/2 taza de queso Parmesano rallado

1 huevo

1/2 cucharadita de pimienta negra molida

1 botella (28 onzas) de salsa de espagueti tipo "lite"

Intercambios

1 1/2 Fécula
3 Vegetal
2 Carne Muy Magra
1 Grasa

Calorías 322
  Calorías de grasa . . . 67
Grasa total . . . . 7 g
  Grasa saturada . . . . . 1.6 g
Colesterol . . . . 53 mg
Sodio . . . . 920 mg
Carbohidrato total . . . 39 g
  Fibra dietética . . . . 5 g
  Azúcares . . . . 13 g
Proteína . . . . 25 g

1 Precalentar el horno a 375°F. Cocinar la lasaña de acuerdo a instrucciones del paquete, omitiendo la sal; escurrir y poner a un lado. Rociar una cacerola de hornear de 9" × 13" con aceite en spray.

2 En una sartén grande, calentar el aceite sobre fuego medio-alto. Agregar las calabazas amarillas, el zapallito italiano, el pimentón rojo, los hongos, y el ajo, y sofreír por 4 a 5 minutos, o hasta que estén tiernos. Quitar la sartén del fuego y dejar a un lado. En un tazón grande, combinar el queso ricotta, 1 1/2 tazas del queso mozzarella, el queso Parmesano, el huevo y la pimienta negra; mezclar bien.

3 Rociar un tercio de la salsa de espagueti en forma pareja para cubrir el fondo de la cacerola. Poner encima 3 lasañas, y encima un tercio de la mezcla de los quesos. Con una cuchara rociar por encima con un tercio de la mezcla de las verduras. Repetir las capas dos veces más; poner encima el resto del queso mozzarella (1/2 taza).

4 Cubrir con papel aluminio y hornear por 45 minutos. Quitar el papel aluminio y hornear por 10 a 12 minutos más, o hasta que esté totalmente caliente y el queso tome color dorado. Dejar reposar 5 a 10 minutos antes de servir.

Toque Final

Una ensalada de hortalizas frescas verdaderamente complementa este platillo. Velo finalizado en la Foto D.

Chile de Verduras en Trozos

Porción: 1 taza, Total: 8 Porciones

1 cucharada de aceite oliva

1 cebolla grande, picada

2 latas (14 1/2 onzas c/u) de tomates en trozo, sin escurrirr

2/3 taza de salsa picante

1 1/2 cucharadita de chile en polvo

1 1/2 cucharadita de comino en polvo

2 latas (15 a 16 onzas c/u) de frijoles rojos, enjuagados y escurridos

1 pimentón rojo grande, picado

1 zapallito italiano ("zuchinni") grande, cortado en trozos de 1/2 pulgada

1 calabaza amarilla ("yellow squash") mediana, cortada en trozos de 1/2 pulgada

1 En una sartén grande, calentar el aceite sobre fuego medio. Agregar la cebolla y sofreír por 2 a 3 minutos.

2 Agregar los tomates, la salsa, el chile en polvo y el comino. Reducir el fuego a bajo, tapar y dejar cocinar por 10 minutos.

3 Agregar los ingredientes que faltan, tapar y cocinar por 20 a 25 minutos, o hasta que las verduras estén tiernas. Verter en tazones para sopa y servir.

Intercambios
1 1/2 Fécula
2 Vegetal

Calorías 162
  Calorías de grasa 21
Grasa total . . . . 2 g
  Grasa saturada . . . . 0 g
Colesterol . . . . 0 mg
Sodio . . . . 396 mg
Carbohidrato total . . . 29 g
  Fibra dietética . . . . 8 g
  Azúcares . . . . 9 g
Proteína . . . . 9 g

Pizza de Mozzarella Fresca

Porción: 1 rebanada, Total: 8 Porciones

1 masa para pizza refrigerada (13 1/2 onzas)

1 cucharada de aceite de oliva

2 dientes de ajo, finamente picados

2 onzas de queso mozzarella fresco, cortado en rebanadas (ver abajo)

3 tomates ciruelas, finamente rebanados

2 cucharadas de albahaca fresca picada

1 Precalentar el horno a 450°F. Utilizando la yema de los dedos, o el talón de las manos, esparcir la masa para cubrir el fondo de un molde para pizza de 12 pulgadas, creando un borde.

2 En un tazón pequeño, combinar el aceite de oliva y el ajo; mezclar bien y pasar sobre la masa con una brocha de cocina. Poner encima el queso y las rebanadas de tomate. Hornear por 10 a 12 minutos, o hasta que la masa esté tostada y dorada.

3 Sacar la pizza del horno y esparcir la albahaca encima. Cortar y servir de inmediato.

Intercambios

1 1/2 Fécula

1 Grasa

Calorías 159
   Calorías de grasa 41
Grasa total . . . . 5 g
   Grasa saturada . . . . . 1.4 g
Colesterol . . . . 2 mg
Sodio . . . . 392 mg
Carbohidrato total . . . 25 g
   Fibra dietética . . . . . . 1 g
   Azúcares . . . . 4 g
Proteína . . . . 6 g

"Casí siempre podrás encontrar la mozzarella de sabor delicado y fresco empaquetada en suero o agua. Y si tienes suerte de encontrar la mozzarella de búfala, hecha de una combinación de leche de búfala y leche de vaca, deberías probarla. Es el tipo más buscado de mozzarella fresca, con una textura mucho más suave que la mozzarella regular. Ahora, ¡ESO ES SUAVE!"

Copitas de Tortilla de Huevos Mexicanos

1 taza de sustituto de huevo

1 lata (4 1/2 onzas) de chiles verdes picados, enjuagados y escurridos

1 lata (4 onzas) de hongos, tallo y pedazos, enjuagados y escurridos

1/2 taza (2 onzas) de mezcla de queso Mexicano desmenuzado

1 Precalentar el horno a 350°F. Rociar 6 copitas para panecillos ("muffins") con aceite en spray.

2 En un tazón grande, combinar todos los ingredientes; mezclar bien, después verter en las copitas con una cuchara.

3 Hornear por 25 a 30 minutos, o hasta que los huevos estén cocidos. Servir de inmediato.

Toque Final

Sirve este platillo con un poquito de salsa y tortillas de harina tibias para convertirlo en un desayuno completo al estilo mexicano.

Intercambios

1 Carne Magra

Calorías 63
  Calorías de grasa 27
Grasa total . . . . 3 g
  Grasa saturada . . . . 2 g
Colesterol . . . . 8 mg
Sodio . . . . 283 mg
Carbohidrato total . . . . 2 g
  Fibra dietética . . . . 1 g
  Azúcares . . . . 0 g
Proteína . . . . 6 g

Manicotti de Espinaca

Porción: 2 conchas, Total: 7 Porciones

1 paquete (8 onzas) de conchas de manicotti (14 conchas)

1 cebolla pequeña, cortada en cubitos

2 dientes de ajo, finamente picados

1/4 libra de hongos frescos, cortados en cubitos

1 envase (32 onzas) de queso ricotta sin grasa

1 taza (4 onzas) de queso mozzarella rallado, parcialmente descremado

1 huevo

1 paquete (10 onzas) de espinaca, descongelada y secada

1 cucharadita de albahaca seca

1 cucharadita de orégano seco

1/2 cucharadita de pimienta negra molida

2 tazas de salsa de espagueti tipo "lite"

2 cucharadas de queso Parmesano rallado

1 Cocinar las conchas de manicotti de acuerdo a las instrucciones del paquete, omitiendo la sal; escurrir, enjuagar, escurrir una vez más y poner en una cacerola grande para hornear. Precalentar el horno a 400°F.

2 Rociar una sartén pequeña con aceite en spray. Agregar la cebolla y el ajo y sofreír sobre fuego medio hasta que estén tiernos. Agregar los hongos y sofreír hasta que estén dorados.

3 Mientras tanto, en un tazón grande, combinar los quesos ricotta y mozzarella, el huevo, la espinaca, la albahaca, el orégano y la pimienta. Agregar la mezcla de cebolla; mezclar bien.

4 Con una cuchara poner la mezcla dentro de las conchas de manicotti (ver la "Nota"), poner encima la salsa de espagueti y rociar con queso Parmesano. Tapar con papel aluminio y hornear por 30 a 35 minutos, o hasta que esté completamente caliente.

Intercambios

3 Carbohidrato

3 Carne Muy Magra

Calorías	320
Calorías de grasa	47
Grasa total	5 g
Grasa saturada	2.3 g
Colesterol	84 mg
Sodio	608 mg
Carbohidrato total	41 g
Fibra dietética	4 g
Azúcares	11 g
Proteína	28 g

Nota

Una forma fácil de llenar las conchas es la de poner la mezcla del queso en una bolsa grande plástica resellable. Haz un corte pequeño en uno de los bordes. Exprime el relleno dentro de las conchas de manicotti, utilizando la bolsa como que fuera una bolsa de repostería.

Pastel de Zapallito Espagueti

Porción: 1 pedazo, Total: 6 Porciones

1 zapallito espagueti mediano (aproximadamente 2 libras)

2 cucharadas de aceite de canola

2 huevos

1/3 taza más 2 cucharadas de queso Parmesano rallado, dividido

1 taza de queso ricotta sin grasa

1 diente de ajo, finamente picado

1 cucharadita de albahaca seca

1 cucharadita de orégano seco

1/4 cucharadita de sal

1 taza de salsa de espagueti tipo "lite"

1/2 taza (2 onzas) de queso mozzarella sin grasa

Intercambios

1 Carbohidrato
2 Carnes Magra

Calorías 181
 Calorías de grasa 80
Grasa total . . . . 9 g
 Grasa saturada . . . . . 2.2 g
Colesterol . . . . 91 mg
Sodio . . . . 540 mg
Carbohidrato total . . . 12 g
 Fibra dietética . . . . 2 g
 Azúcares . . . . 6 g
Proteína . . . . 14 g

1 Poner el zapallito en una olla sopera; agregar una pulgada de agua. Dejar hervir sobre fuego medio-alto, tapar y cocinar por 25 a 30 minutos, o hasta que esté tierno al pincharlo con un tenedor. Sacar el zapallito de la olla y ponerlo en una tabla de cortar, para que se enfríe por 15 a 20 minutos.

2 Precalentar el horno a 350°F. Rociar una cacerola para pastel hondo de 9 pulgadas con aceite en spray.

3 En un tazón grande, combinar el aceite, los huevos y 1/3 taza de queso Parmesano; mezclar bien y dejar a un lado.

4 Cortar el zapallito que debe estar medio frío a la mitad a lo largo. Sacar y botar las semillas. Raspar la parte de adentro del zapallito con un tenedor, tratando de convertirlo en hebras de pasta. Revolver el zapallito dentro de la mezcla del huevo, verter dentro del plato de pastel y formar una masa.

5 En un tazón pequeño, combinar el queso ricotta, el ajo, la albahaca, el orégano y la sal; mezclar bien. Esparcir de manera uniforme sobre la masa, y poner la salsa de espagueti encima.

6 Hornear, destapado, por 25 minutos, entonces sacar del horno y poner encima el queso mozzarella rallado. Hornear por 5 minutos más, o hasta que el queso se derrita. Sacar del horno y rociar con el resto del queso Parmesano. Dejar enfriar por 10 minutos antes de cortarlo en forma de cuñas y servirlo.

Pasta Penne con Pesto

Porción: 1/8 de la receta, Total: 8 Porciones

1 libra de pasta penne

1 envase (7 onzas) de salsa de pesto preparada

4 tomates ciruela, picados

1 Cocinar la pasta de acuerdo a las instrucciones del paquete, omitiendo la sal; escurrir.

2 Mientras tanto, en un tazón grande, combinar la salsa de pesto y los tomates. Agregar la pasta caliente y revolver hasta que esté mezclada. Servir de inmediato.

Intercambios

3 Carbohidrato
1 Grasa

Calorías 285
   Calorías de grasa 71
Grasa total . . . . 8 g
   Grasa saturada . . . . 1 g
Colesterol . . . . 1 mg
Sodio . . . . 284 mg
Carbohidrato total . . . 42 g
   Fibra dietética . . . . 3 g
   Azúcares . . . . 3 g
Proteína . . . . 10 g

"El pesto es tan bueno en sabor que un poquito da un sabor delicioso. ¡Aquí, podemos gozar de todos estos sabores sin sentirnos culpables!"

Palitos de Verduras Balsámicas

Porción: 2 palitos, Total: 5 Porciones

10 palitos de metal o de madera de 10 pulgadas

1/4 taza de aceite de oliva

1/4 taza de vinagre balsámico

1 cucharadita de ajo en polvo

1/2 cucharadita de sal

1/2 cucharadita de pimienta negra molida

1 calabaza amarilla ("yellow squash") mediana, cortada en 20 trozos

1 cebolla roja, cortada en 20 trozos

1 zapallito italiano ("zucchini") mediano, cortado en 20 trozos

20 hongos grandes

1 Si se utilizan palitos de madera, remojarlos en agua por 20 minutos. En un tazón pequeño, combinar el aceite, el vinagre, el polvo de ajo, la sal y la pimienta; mezclar bien.

2 Alternándolos, poner en los palitos 2 trozos de cada uno de los siguientes: calabaza amarilla, cebolla, zapallito italiano y hongos. Poner los palitos en una bandeja de hornear con bordes de 10" × 15" y verter la mezcla de aceite y vinagre sobre las verduras. Dejar macerar por 30 minutos, dándolos vuelta después de 15 minutos.

3 Precalentar la parrilla a calor medio-alto y asar los palitos por 8 a 10 minutos, o hasta que estén tiernos al probarlos con un tenedor, pincelándolos con la salsa para macerar de vez en cuando.

Intercambios

2 Vegetal
1 Grasa

Calorías 100
  Calorías de grasa 49
Grasa total . . . . 5 g
  Grasa saturada . . . . 1 g
Colesterol . . . . 0 mg
Sodio . . . . 123 mg
Carbohidrato total . . . .12 g
  Fibra dietética . . . . 3 g
  Azúcares . . . . 7 g
Proteína . . . . 3 g

Nota

¿Prefieres no calentar la parrilla? Precalienta la parrilla del horno y asa los palitos por 12 a 15 minutos, dándolos vuelta y pincelándolos con la salsa a la mitad del cocimiento.

Pizza de Pimentones Asados

Porción: 1 rebanada, Total: 8 Porciones

1 libra de masa para pan, descongelada

2 cucharadas de aceite de oliva

1/4 cucharadita de ajo en polvo

1/4 cucharadita de cebolla en polvo

1/4 cucharadita de pimienta negra molida

3 pimentones medianos, (rojo, verde, y amarillo, o cualquier combinación), cortados en tiras de 1 pulgada

2/3 taza de salsa de espagueti tipo "lite"

1 taza (4 onzas) de queso mozzarella reducido en grasa, rallado

1 Precalentar el horno a 450°F. Rociar un molde para pizza de 12 pulgadas con aceite en spray. Utilizando la yema de los dedos o el talón de la mano, esparcir la masa para que cubra el fondo del molde.

2 En un tazón pequeño, combinar el aceite, el ajo en polvo, la cebolla en polvo y la pimienta negra. Agregar los pimentones y revolver para cubrirlo; después poner en una cacerola para hornear de 9" × 13". Hornear por 20 a 25 minutos, o hasta que los pimentones estén tiernos al probarlos con un tenedor.

3 Esparcir la salsa sobre la masa y rociar con el queso mozzarella.

4 Colocar los pimentones asados sobre el queso y hornear por 13 a 15 minutos, o hasta que la masa esté tostada y dorada. Cortar y servir.

Intercambios

2 Fécula
1 Vegetal
1 1/2 Grasa

Calorías 240
  Calorías de grasa 69
Grasa total . . . . 8 g
  Grasa saturada . . . . . 2.3 g
Colesterol . . . . 8 mg
Sodio . . . . 532 mg
Carbohidrato total . . . 33 g
  Fibra dietética . . . . . . 3 g
  Azúcares . . . . 5 g
Proteína . . . . 10 g

"¿Por qué pedir a una pizzería cuando tú puedes hacer una pizza aún más saludable en tu propia cocina? Haz que todos te ayuden y gocen contigo, dividiendo la masa en pedazos individuales y permitiéndole a cada uno hacer su propia pizza. ¡Los niños en especial lo disfrutarán!"

Macarrones con Queso Cremoso

Porción: 1/6 de la receta, Total: 6 Porciones

1 paquete (8 onzas) de coditos (macarrones)

2 cucharaditas de margarina en barra de aceite de maíz

2 cucharadas de harina

1/4 cucharadita de sal

1/4 cucharadita de pimienta negra molida

1 lata (12 onzas) leche evaporada, baja en grasa

3/4 taza (3 onzas) de queso Cheddar fuerte, rallado

1 Precalentar el horno a 375°F. Rociar una cacerola para hornear de 8 pulgadas con aceite en spray. Cocinar los macarrones de acuerdo a instrucciones del paquete, omitiendo la sal; escurrir.

2 Mientras tanto, en una sartén grande, derretir la margarina sobre fuego alto; agregar la harina, la sal y la pimienta. Introducir lentamente la leche evaporada y continuar cocinando por 3 a 4 minutos, o hasta que la mezcla se empiece a espesar.

3 Quitar la sartén del fuego y agregar los macarrones y el queso; mezclar bien y verter en la cacerola. Hornear por 20 a 22 minutos, o hasta que empiece a hacer burbujas y se caliente completamente.

Intercambios

2 Fécula
1/2 Leche sin Grasa
1 Carne Magra

Calorías 264
 Calorías de grasa 46
Grasa total . . . . 5 g
 Grasa saturada . . . . . 2.1 g
Colesterol . . . . 11 mg
Sodio . . . . 451 mg
Carbohidrato total . . . 37 g
 Fibra dietética . . . . 1 g
 Azúcares . . . . 8 g
Proteína . . . . 17 g

"Para mantener nuestro consumo de grasa al mínimo, podemos utilizar quesos de sabores más fuertes. Ya que tienen sabores fuertes, no necesitamos usar tanto como en el caso de los de sabores más suaves".

Derretido de Verduras Asadas

Porción: 1 rebanada, Total: 6 Porciones

1 berenjena mediana, pelada y cortada en rebanadas de 1/4 pulgada

1 cebolla roja mediana, cortada en rebanadas de 1/2 pulgada

1 pimentón rojo mediano, cortado en 8 tiras

1/4 taza de aceite oliva

1/2 cucharadita de orégano seco

1/2 cucharadita de tomillo seco

1/4 cucharadita de sal

1/4 cucharadita de pimienta negra molida

1/2 taza (2 onzas) de queso mozzarella reducido en grasa, rallado

1 pan Francés (10 onzas) cortado a lo largo por la mitad

1 Precalentar el horno a 450°F. En una cacerola grande para hornear a la parrilla o bandeja de hornear con bordes, mezclar todos los ingredientes menos el queso y el pan; revolver hasta que esté todo mezclado. Asar por 35 a 40 minutos, o hasta que las verduras estén tiernas.

2 Rociar con el queso y hornear por 3 a 4 minutos más, o hasta que el queso se derrita.

3 Poner las verduras asadas en forma pareja sobre la parte de adentro del pan francés, cortar cada mitad en tercios y servir de inmediato.

Intercambios

1 1/2 Fécula
2 Vegetal
2 Grasa

Calorías 269
   Calorías de grasa . . . 108
Grasa total . . . . 12 g
   Grasa saturada . . . . . 2.4 g
Colesterol . . . . 5 mg
Sodio . . . . 453 mg
Carbohidrato total . . . 34 g
   Fibra dietética . . . . 4 g
   Azúcares . . . . 4 g
Proteína . . . . 8 g

"Aunque estos emparedados son mejores al servirlos calientes, son también muy buenos fríos. Y ya que son un poco grandes, no te preocupes si no los terminas de una sola vez. Recuerda, come solamente lo suficiente para sentirte satisfecho . . . NO muy lleno".

Pasta Primavera a la César

1 paquete (12 onzas) de pasta de corbata de lazo ("bow-tie")

2 cucharadas de aceite de oliva

1/4 libra de espárragos, cortados en pedazos de 1 1/2 pulgadas

1/4 libra de alubias chinas, recortadas

2 zanahorias medianas, finamente rebanadas

1 pimentón mediano amarillo o rojo, cortado en trozos de 1 pulgada

3 tomates ciruelas medianos, cortados en cuñas finas

3 dientes de ajo, finamente picados

1 lata (14 1/2 onzas) de caldo de pollo o de verduras, reducido en sodio y listo para usar

1 paquete (1.2 onzas) de mezcla de aderezo César seco

2 cucharadas de queso Parmesano rallado (opcional)

1 Cocinar la pasta de acuerdo a las instrucciones del paquete, omitiendo la sal; escurrir. Mientras tanto, en una sartén grande, calentar el aceite de oliva sobre fuego medio y sofreír los espárragos, las alubias chinas, las zanahorias y el pimentón por 2 minutos. Agregar revolviendo los tomates y el ajo.

2 En un tazón pequeño, combinar el caldo de pollo y la mezcla de aderezo de ensalada; verter sobre las verduras y dejar hervir. Reducir el calor a bajo y cocinar por 5 a 7 minutos, o hasta que las verduras estén tostadas y tiernas, revolviendo de vez en cuando.

3 En un tazón grande, combinar la pasta caliente y la mezcla de los vegetales; agregar el queso Parmesano, si se desea, y revolver hasta que esté completamente cubierto. Servir de inmediato.

Intercambios

3 Carbohidrato
1 Vegetal
1/2 Grasa

Calorías 300
  Calorías de grasa 47
Grasa total . . . . 5 g
  Grasa saturada . . . . . . 1 g
Colesterol . . . . 0 mg
Sodio . . . . 958 mg
Carbohidrato total . . . 53 g
  Fibra dietética . . . . 4 g
  Azúcares . . . . 10 g
Proteína . . . . 10 g

Toque Final

En lugar del queso Parmesano de paquete, utiliza un pelador de vegetales para rebanar finamente el queso Parmesano fresco para colocar sobre cada porción de este platillo al servirlo.

Pila de Verduras Asadas

Porción: 1 cuadrito, Total: 4 Porciones

Aceite en spray

1 berenjena mediana, cortada a lo largo en 6 rebanadas

1 zapallito italiano ("zucchini"), cortado a lo largo en 4 rebanadas

1 calabaza amarilla ("yellow squash"), cortada a lo largo en 4 rebanadas

1 pimentón rojo grande, cortado en tiras de 1/2 pulgada

1/2 cucharadita de sal

1/2 cucharadita de pimienta negra molida

1/2 taza de queso ricotta sin grasa

2 cucharada de albahaca fresca picada

3/4 taza (3 onzas) de queso mozzarella, parcialmente descremada, finamente rallada

1/4 taza de salsa de tomate

Intercambios
3 Vegetal
1 Carne Magra

Calorías 142
  Calorías de grasa 35
Grasa total . . . . 4 g
  Grasa saturada . . . . . 2.2 g
Colesterol . . . . 24 mg
Sodio . . . . 547 mg
Carbohidrato total . . . .18 g
  Fibra dietética . . . . 5 g
  Azúcares . . . . 9 g
Proteína . . . . 12 g

---

1 Precalentar el horno a 425°F. Rociar 2 bandejas de hornear con aceite en spray.

2 Colocar las verduras en la bandeja en capa simple. Rociar ligeramente con aceite en spray y sazonar con sal y pimienta negra de ambos lados. Hornear por 16 a 20 minutos, o hasta que estén tiernos.

3 Sacar del horno y reducir la temperatura a 350°F. Rociar una cacerola cuadrada de 8 pulgadas con aceite en spray. Poner 3 rebanadas de la berenjena asada en el fondo de la cacerola. Esparcir sobre esto la mitad del queso ricotta, la mitad de la albahaca y 1/4 taza del queso mozzarella rallado.

4 Continuar añadiendo las rebanadas del zapallito italiano, la calabaza amarilla y las tiras de pimentón rojo. Esparcir el resto del queso ricotta, la albahaca y 1/4 de queso mozzarella encima.

5 Agregar las 3 rebanadas de berenjena que faltan encima y cubrir con la salsa de tomate y lo que queda del queso mozzarella (1/4 taza). Hornear por 10 a 12 minutos, o hasta que esté completamente caliente y el queso se haya derretido. Cortar en 4 cuadritos y servir.

Quesadillas Confetti

Aceite en spray

1 paquete (9 onzas) de espárragos congelados cortados, descongelados y bien escurridos

1 cebolla roja mediana, finamente picada

1 lata (8 3/4 onzas) de maíz en grano, bien escurrido

2/3 taza (2 2/3 onzas) de queso "Colby-Jack" reducido en grasa, rallado

1 cucharadita de comino molido

4 tortillas de harina sin gasa de 8 pulgadas

1/4 taza de crema agria sin grasa

2 cebollinos, rebanados

1 Precalentar el horno a 450°F. Rociar 2 bandejas de hornear con borde con aceite en spray. En un tazón pequeño, combinar los espárragos, la cebolla, el maíz y el comino; mezclar bien.

2 Poner una tortilla sobre una bandeja de hornear, poner encima la mitad de la mezcla de vegetales y cubrir con otra tortilla; repetir. Rociar levemente la parte de arriba de las tortillas con aceite en spray.

3 Hornear por 6 a 8 minutos, o hasta que las tortillas estén tostadas y el queso se haya derretido. Sacar las quesadillas del horno. Cortar cada quesadilla en cuartos y poner encima la crema agria y el cebollino rebanado. Servir de inmediato.

Intercambios
2 Fécula
2 Vegetal
1/2 Grasa

Calorías 232
  Calorías de grasa 38
Grasa total . . . . 4 g
  Grasa saturada . . . . . 2.4 g
Colesterol . . . . 11 mg
Sodio . . . . 556 mg
Carbohidrato total . . . 38 g
  Fibra dietética . . . . 4 g
  Azúcares . . . . 5 g
Proteína . . . . 13 g

"Este popular platillo mexicano puede ser un plato principal o un bocadillo. Y quizás quieras darle aún más brío poniendo encima un poco de la Salsa Rápida (pág. 19)".

Acompañantes Perfectos

Salteado de Verduras

Porción: 1 taza, Total: 8 Porciones

1 lata (15 onzas) de maíz miniatura ("baby corn"), escurrido, con el líquido reservado

2 cucharadas de salsa de soya tipo "lite"

2 cucharadas de maicena

1 cucharadita de pimienta roja molida

1/4 taza de aceite de maní

4 dientes de ajo, finamente picados

1 racimo de brócoli, cortado en florecitas pequeñas

2 pimentones medianos (1 rojo y 1 amarillo), cortados en tiras de 1/2 pulgada

1 cebolla grande, cortada en forma de cuñas

1/2 libra de hongos frescos rebanados

1/2 libra de alubias chinas ("snow peas"), recortadas

1. En un tazón pequeño, combinar el líquido reservado del maíz, la salsa de soya, la maicena y la pimienta roja molida; dejar a un lado.

2. En una sartén oriental ("wok") o en una sartén grande, calentar el aceite de maní sobre fuego alto hasta que esté caliente. Agregar el ajo, el brócoli, los pimentones, la cebolla y los hongos. Sofreír por 6 a 7 minutos o hasta que las verduras estén tiernas y tostadas.

3. Agregar las alubias chinas y maíz miniatura y sofreír por 3 a 4 minutos, o hasta que las alubias chinas se tornen un verde más vibrante.

4. Agregar la mezcla de salsa de soya y sofreír por 1 a 2 minutos, o hasta que la salsa se espese. Servir de inmediato.

Intercambios

3 Vegetal
1 1/2 Grasa

Calorías 138
  Calorías de grasa 65
Grasa total . . . . 7 g
  Grasa saturada . . . . 1 g
Colesterol . . . . 0 mg
Sodio . . . . 290 mg
Carbohidrato total . . . 16 g
  Fibra dietética . . . . 5 g
  Azúcares . . . . 7 g
Proteína . . . . 5 g

¡Bueno para ti!

Si cambias este platillo a tu gusto, ¡no elimines el brócoli! Contiene mucha fibra (como sus primos, la coliflor y el repollo), de modo que ayuda a disminuir el riesgo de padecer cáncer.

Batatas en Trozos con Especias

Porción: 10 trozos, Total: 6 Porciones

5 batatas (cerca de 2 1/2 libras), peladas

2 claras de huevo

1/2 cucharadita de jengibre en polvo

1/4 cucharadita de canela en polvo

1/8 cucharadita de nuez moscada en polvo

1/2 cucharadita de sal

1 Precalentar el horno a 400°F. Rociar 2 bandejas de hornear con aceite en spray.

2 Cortar cada batata en 12 trozos en forma de cuña.

3 En un tazón grande, batir levemente las claras de huevo, el jengibre, la canela, la nuez moscada y la sal hasta que espume. Agregar las batatas y revolver para cubrirlas completamente; poner las batatas en la bandeja en una capa simple.

4 Hornear por 20 minutos, dar vuelta a las batatas y hornear por 15 a 20 minutos más, o hasta que estén tiernas y doradas.

Intercambios

2 1/2 Fécula

Calorías 157
  Calorías de grasa 1
Grasa total . . . . 0 g
  Grasa saturada . . . . 0 g
Colesterol . . . . 0 mg
Sodio . . . . 227 mg
Carbohidrato total . . . 36 g
  Fibra dietética . . . . 4 g
  Azúcares . . . . 17 g
Proteína . . . . 4 g

"¡Qué dulce (y picante) es! El jengibre, la canela y la nuez moscada que agregamos a las papas ayudan con el dulce que deseamos . . . y nos ayuda a no tener que agregar azúcar".

Papas Rojas con Perejil

Porción: 3 papas, Total: 6 Porciones

2 cuartos de agua

1 cebolla mediana, cuarteada

2 libras (cerca de 18) papas rojas pequeñas, lavadas

1/4 taza de margarina suave tipo "lite"

2 dientes de ajo, finamente picados

1/4 taza de perejil fresco, picado

1 En una olla sopera, combinar el agua y la cebolla y dejar hervir sobre fuego alto. Utilizando un pelador de papa, quitar una tira de la piel alrededor del centro de cada papa. Poner las papas en la olla, tapar, y cocinar por 15 a 18 minutos, o hasta que estén tiernas al probarlas con un tenedor. En un colador, escurrir bien las papas y la cebolla; mantener tibio.

2 Derretir la margarina en la misma olla sobre fuego medio. Agregar el ajo y sofreír por 1 a 2 minutos, o hasta que esté tierno.

3 Agregar revolviendo el perejil a la olla y regresar las papas y cebolla a la olla y mezclar para cubrirlas uniformemente. Servir de inmediato.

Intercambios

2 Fécula
1/2 Grasa

Calorías 165
   Calorías de grasa 29
Grasa total . . . . 3 g
   Grasa saturada . . . . . 0.3 g
Colesterol . . . . 0 mg
Sodio . . . . 68 mg
Carbohidrato total . . . 32 g
   Fibra dietética . . . . 3 g
   Azúcares . . . . 3 g
Proteína . . . . 3 g

"Un platillo secundario clásico, estas papas son buenas emparejadas con cualquier cosa desde el Asado Caramelizado con Soda (pág. 92), hasta el Asado en Olla con Estragón (pág. 93). Prueba esta receta con tus propias ideas de otros platillos deliciosos".

Tomates de Jardín a la Parrilla del Horno

Porción: 1/2 de un tomate, Total: 6 Porciones

3/4 taza de cebollas fritas al estilo francés, desmenuzadas

2 cucharadas de queso Parmesano, recién rallado

1/2 cucharadita de sazón italiano

3 tomates medianos, firmes, cortados a la mitad (ver la "Nota")

Aceite de oliva en spray, sin grasa

1 Precalentar la parrilla del horno. En un tazón pequeño, combinar las cebollas fritas, el queso Parmesano y el sazón italiano. Con una brocha de cocinar, pincelar la parte cortada de los tomates con el aceite en spray.

2 Rociar los tomates con la mezcla de queso y cebolla, y poner en una cacerola para asar a la parrilla y poner a asar por casi 1 minuto, hasta que la superficie esté levemente dorada.

3 Apagar la parrilla y cerrar la puerta del horno, dejando los tomates adentro por 5 a 8 minutos, o hasta que estén suaves pero no se estén desmoronando.

Intercambios

1 Vegetal
1 Grasa

Calorías 68
Calorías de grasa 39
Grasa total . . . . 4 g
Grasa saturada . . . . . 1.4 g
Colesterol . . . . 2 mg
Sodio . . . . 79 mg
Carbohidrato total . . . . 6 g
Fibra dietética . . . . 1 g
Azúcares . . . . 2 g
Proteína . . . . 2 g

Nota

Si cortas una porción pequeña de la parte de abajo de cada tomate antes de empezar, te permitirá mantenerlos parados.

Refrito de Judías Verdes

Porción: 1/2 taza, Total: 8 Porciones

2 cucharadas de aceite de oliva

1/4 taza de almendras cortadas en tiras

1 diente de ajo, finamente picado

2 paquetes (9 onzas c/u) de judías verdes cortadas al estilo francés ("French cut green beans"), congeladas

1/4 taza de tomate secado al sol ("sun dried tomatoes"), picados

1/4 cucharadita de sal (opcional)

1/4 cucharadita de pimienta negra molida

1 En una sartén grande, calentar el aceite sobre fuego medio. Agregar las almendras y el ajo y sofreír por 2 a 3 minutos, o hasta que las almendras estén levemente doradas.

2 Agregar los ingredientes que faltan, tapar y dejar que las judías se cuezan al vapor por 10 minutos, o hasta que estén tiernas, revolviéndolas de vez en cuando. Servir de inmediato.

¡Bueno para ti!

Los aceites de canola y oliva ganan la "aprobación" porque contienen grasas monoinsaturadas. Esta grasa combate el incremento de colesterol porque aumenta el nivel del HDL (colesterol bueno). Por lo tanto, siempre debes buscarla en los productos que consumes. Y ten cuidado, ya que una declaración en la etiqueta de que un aceite en particular u otro producto sea de tipo "lite" no significa necesariamente que contenga menos grasa o calorías; puede indicar que tiene un sabor liviano.

Intercambios

1 Vegetal
1 Grasa

Calorías 71
  Calorías de grasa 47
Grasa total . . . . 5 g
  Grasa saturada . . . . 1 g
Colesterol . . . . 0 mg
Sodio . . . . 6 mg
Carbohidrato total . . . . 6 g
  Fibra dietética . . . . 2 g
  Azúcares . . . . 2 g
Proteína . . . . 2 g

Papas Asadas con Pesto

Porción: 1/6 de la receta, Total: 6 Porciones

2 libras de papas rojas pequeñas, lavadas y cuarteadas

1/2 taza de salsa de pesto

1/2 cucharadita de pimienta negra molida

1 Precalentar el horno a 425°F. Rociar una bandeja de hornear con borde con aceite en spray.

2 En un tazón mediano, combinar todos los ingredientes y revolver para cubrir las papas uniformemente.

3 Poner las papas en la bandeja y hornear por 50 a 60 minutos, o hasta que estén tiernas al probarlas con un tenedor. Servir de inmediato.

Intercambios
2 Fécula
1/2 Grasa

Calorías 177
   Calorías de grasa 51
Grasa total . . . . 6 g
   Grasa saturada . . . . 1 g
Colesterol . . . . 1 mg
Sodio . . . . 244 mg
Carbohidrato total . . . 28 g
   Fibra dietética . . . . 4 g
   Azúcares . . . . 3 g
Proteína . . . . 5 g

"¡Nunca has hecho papas en esta forma? Al combinarlas con la salsa de pesto, toman un sabor que es tan rico, ¡que de seguro te convertirá en el héroe de la cocina italiana!"

Repollo Bávaro

Porción: 1 pedazo, Total: 8 Porciones

1 repollo mediano

1 1/2 tazas de agua

1/2 cucharadita de sal

1/4 cucharadita de pimienta negra
molida

3 cucharadas de margarina
en barra de aceite de maíz,
derretida

1/2 cucharadita de semillas de
alcaravea ("caraway seed")
(ver la "Nota")

1 Precalentar el horno a 350°F.
Cortar el repollo en 8 pedazos en
forma de cuña y colocar en una
cacerola de hornear de 9" × 13".

2 Agregar agua a la cacerola, sazonar
el repollo con sal y pimienta y
tapar levemente con papel aluminio.
Hornear por 40 minutos, o hasta el
término deseado.

3 Sacar el repollo y ponerlo en un
plato de servir. En un tazón
pequeño, combinar la margarina
derretida y las semillas de alcaravea;
verter sobre el repollo y servir.

Nota

*Prueba este delicioso platillo con
"Sauerbraten" del Nuevo Mundo (pág. 94). Y
si no te gusta el sabor de la alcaravea, no hay problema. Haz esta receta de repollo fresco agregando 1
1/2 cucharadas de albahaca fresca en lugar de
las semillas de alcaravea.*

Intercambios

1 Vegetal
1 Grasa

Calorías 69
  Calorías de grasa 40
Grasa total . . . . 4 g
  Grasa saturada . . . . . 0.8 g
Colesterol . . . . 0 mg
Sodio . . . . 211 mg
Carbohidrato total . . . . 7 g
  Fibra dietética . . . . 3 g
  Azúcares . . . . 5 g
Proteína . . . . 2 g

Verduras Asadas a la Primavera

1/4 taza de aceite de oliva

1 cucharada de hierba de eneldo ("dillweed") fresco, picado

1 cucharadita de sal

1 cucharadita de pimienta negra molida

1 libra de papas rojas pequeñas, lavadas y cuarteadas

3 mazorcas de maíz medianas, despellejadas y cortadas en rueditas de 1 pulgada

1/2 libra de zanahorias miniatura ("baby carrots")

1 cebolla roja grande, cortada en forma de cuña

1/2 libra de guisantes mollares ("sugar snap peas") frescos

1 Precalentar el horno a 400°F. En un tazón grande, combinar el aceite, el eneldo, la sal y la pimienta.

2 Agregar los ingredientes que faltan menos los guisantes mollares; revolver para cubrir bien y después verter en una cacerola para hornear de 9" × 13".

3 Asar, sin tapar, por 20 minutos; agregar los guisantes mollares con cuidado y dejar asar por 25 a 30 minutos adicionales, o hasta que las verduras estén levemente doradas y casi tiernas, dándolas vuelta una vez. Servir de inmediato.

Intercambios

1 1/2 Fécula
2 Vegetal
1 1/2 Grasa

Calorías 226
 Calorías de grasa 87
Grasa total . . . . 10 g
 Grasa saturada . . . . . 1.3 g
Colesterol . . . . 0 mg
Sodio . . . . 426 mg
Carbohidrato total . . . 33 g
 Fibra dietética . . . . 5 g
 Azúcares . . . . 7 g
Proteína . . . . 4 g

"Zanahorias, cebollas y guisantes mollares, ¡ay qué rico! Pero no paramos allí, porque las papas y el maíz también se añaden a la mezcla para redondear este platillo bueno a la vista".

Coliflor con Queso

Porción: 1/6 de la receta, Total: 6 Porciones

1/2 taza (2 onzas) de queso Cheddar fuerte, reducido en grasa, rallado

1/4 taza de mayonesa sin grasa

1/2 cucharadita de mostaza amarilla

1/8 cucharadita de pimienta negra molida

1 paquete (16 onzas) de florecitas de coliflor, descongeladas

3 cucharadas de cebollas fritas al estilo francés ("french fried onions")

1 Precalentar el horno a 400°F. En una cacerola mediana, combinar el queso, la mayonesa, la mostaza y la pimienta sobre fuego medio-bajo; cocinar hasta que el queso se derrita. Revolver frecuentemente.

2 Agregar la coliflor y revolver levemente hasta que esté cubierto. Poner en una cacerola para hornear cuadrada de 8 pulgadas y rociar con la cebolla.

3 Hornear por 15 a 18 minutos, o hasta que esté totalmente caliente y las cebollas estén doradas.

Intercambios

1 Vegetal
1/2 Grasa

Calorías 60
  Calorías de grasa 28
Grasa total . . . . 3 g
  Grasa saturada . . . . . 1.4 g
Colesterol . . . . 7 mg
Sodio . . . . 198 mg
Carbohidrato total . . . . 5 g
  Fibra dietética . . . . 2 g
  Azúcares . . . . 2 g
Proteína . . . . 4 g

"Si eres una de esas personas que rechazan la coliflor por cómo huele, prueba esta versión con queso. Existe una probabilidad de que te va a gustar. ¿Te podría mentir sobre esto?"

Espárragos Asados con Limón

Porción: 6 a 8 tallos de espárragos, Total: 4 Porciones

2 libras de espárragos frescos, recortados

1 1/2 cucharadas de mantequilla reducida en grasa, derretida

4 cucharadas de jugo de limón fresco

4 cucharaditas de cáscara de limón rallado, dividida

1 Precalentar el horno a 400°F. Poner los espárragos en una cacerola para hornear de 9" × 13".

2 En un tazón pequeño, combinar la mantequilla, el jugo de limón y las 2 cucharaditas de la cáscara de limón rallado; mezclar bien y verter sobre los espárragos. Hornear por 20 a 25 minutos, o hasta el término deseado.

3 Sacar del horno y rociar con lo que queda de la cáscara de limón (2 cucharaditas). Servir de inmediato.

Nota

La cantidad de tiempo para cocinar varía de acuerdo con el grosor de los espárragos. Se pueden cocinar los espárragos muy delgados mucho más rápido que los espárragos gruesos. Y, por supuesto, a todos les gusta cocido a un término distinto, por lo tanto mantén el ojo en los espárragos mientras se cocinan.

Intercambios

2 Vegetal
1/2 Grasa

Calorías 64
  Calorías de grasa 26
Grasa total . . . . 3 g
  Grasa saturada . . . . . 1.3 g
Colesterol . . . . 6 mg
Sodio . . . . 59 mg
Carbohidrato total . . . . 8 g
  Fibra dietética . . . . 3 g
  Azúcares . . . . 3 g
Proteína . . . . 4 g

Relleno de Hongo Portobello

Porción: 1/2 taza, Total: 6 Porciones

2 cucharadas de aceite de oliva

1 pimentón rojo mediano, finamente picado

1 cebolla pequeña, finamente picada

6 onzas de hongos de portobello, picados

2 cucharaditas de salvia seca ("rubbed sage")

1/4 cucharadita de pimienta negra molida

1 panecillo de maíz, desmenuzado

1. En una sartén grande, calentar el aceite de oliva sobre fuego medio-alto. Agregar el pimentón y la cebolla y sofreír por 2 a 3 minutos, o hasta que estén tiernos.

2. Agregar los hongos, la salvia y la pimienta y sofreír por 3 a 5 minutos, o hasta que los hongos estén tiernos.

3. Agregar mezclando el panecillo desmenuzado y cocinar por 2 a 3 minutos más, o hasta que esté totalmente caliente.

Intercambios
1 Vegetal
1 Grasa

Calorías	79
Calorías de grasa	48
Grasa total	5 g
Grasa saturada	0.6 g
Colesterol	0 mg
Sodio	27 mg
Carbohidrato total	7 g
Fibra dietética	1 g
Azúcares	3 g
Proteína	2 g

"Puedes hacer muchísimas cosas con este platillo hecho con hongos. Al juntarlo con los pimentones, la cebolla, la salvia y un panecillo de maíz saludable, llegas a un increíble relleno con sabor a carne".

Verduras de Verano Asadas

Porción: 1/6 de la receta, Total: 6 Porciones

2 cucharadas de aceite de canola

4 cucharadas de queso Parmesano rallado, dividido

1/4 cucharadita de ajo en polvo

1/4 cucharadita de pimienta negra molida

2 papas medianas, finamente rebanadas en círculos

1 zapallito italiano ("zucchini") mediano, finamente rebanado en círculos

2 calabazas amarillas ("yellow squash"), finamente rebanadas en círculos

4 tomates ciruelas, finamente rebanados en círculos

Sal al gusto

1 Precalentar el horno a 400°F. Rociar una cacerola para hornear de 9" × 13" con aceite en spray.

2 En un tazón grande, combinar el aceite, 2 cucharadas del queso Parmesano, el ajo en polvo, y la pimienta; mezclar bien. Agregar las papas, el zapallito italiano y la calabaza amarilla, revolviendo hasta que estén cubiertos uniformemente; verter en la cacerola.

3 Poner los tomates encima y rociar con lo que queda del queso Parmesano (2 cucharadas). Hornear por 30 a 40 minutos, o hasta que las papas estén tiernas al toque con un tenedor. Servir de inmediato.

Intercambios

1/2 Fécula
1 Vegetal
1 1/2 Grasa

Calorías 129
  Calorías de grasa 58
Grasa total . . . . 6 g
  Grasa saturada . . . . 1 g
Colesterol . . . . 5 mg
Sodio . . . . 94 mg
Carbohidrato total . . . 15 g
  Fibra dietética . . . . 3 g
  Azúcares . . . . 4 g
Proteína . . . . 5 g

"Somos realmente afortunados que en los supermercados de hoy siempre hay verduras frescas, ¡no importa que temporada sea!"

Guisantes con Cebolla Cremosos

Porción: 1/2 taza, Total: 4 Porciones

1 cucharada de aceite de canola

1 cucharada de harina

1 1/2 cucharadita de mantequilla

1/4 cucharadita de nuez moscada en polvo

1/4 cucharadita de pimienta negra molida

1 taza de leche sin grasa

1 paquete (16 onzas) de guisantes y cebollas, descongeladas

1 En una cacerola mediana, calentar el aceite sobre fuego medio-alto. Agregar la harina, la mantequilla, la nuez moscada y la pimienta; batir hasta que esté liso.

2 Agregar lentemente la leche, batiendo hasta que esté liso y espeso. Agregar los guisantes y las cebollas y cocinar por 3 a 4 minutos, hasta que esté completamente caliente. Servir de inmediato.

Intercambios

1 Fécula
1 Grasa

Calorías 112
  Calorías de grasa 46
Grasa total . . . . 5 g
  Grasa saturada . . . . . 1.3 g
Colesterol . . . . 5 mg
Sodio . . . . 71 mg
Carbohidrato total . . . 12 g
  Fibra dietética . . . . 2 g
  Azúcares . . . . 8 g
Proteína . . . . 5 g

"Sí, podemos comprar este platillo ya hecho en la sección congelada del supermercado, ¡pero revisa la etiqueta de información nutricional! Saldrá mucho mejor si lo hacemos en casa. ¡Y las cosas siempre saben mejor cuando provienen de nuestra cocina!"

Puré de Papas con Ajo

6 papas rojas medianas
(casi 2 libras), restregadas y cortadas en trozos grandes

8 dientes de ajo, pelados

1/3 taza de crema agria sin grasa

1 cucharada de mantequilla

Sal al gusto

1/4 cucharadita de pimienta negra
molida

1 Poner las papas y el ajo en una olla sopera y agregar el agua para cubrirlos. Dejar hervir sobre fuego alto. Reducir el fuego a medio y coci-nar por 20 a 25 minutos, o hasta que las papas estén tiernas al toque con un tenedor; escurrir y poner en un tazón grande.

2 Hacer puré las papas y el ajo junto con los ingredientes que faltan, hasta que esté liso y bien mezclado. Servir de inmediato.

Intercambios
2 Fécula

Calorías 159
  Calorías de grasa 19
Grasa total . . . . 2 g
  Grasa saturada . . . . . 1.2 g
Colesterol . . . . 6 mg
Sodio . . . . 27 mg
Carbohidrato total . . . 31 g
  Fibra dietética . . . . 3 g
  Azúcares . . . . 3 g
Proteína . . . . 4 g

Manzana Rellena con Puré de Calabaza Bellota

Porción: 1/6 de la calabaza, Total: 6 Porciones

1 calabaza de bellota ("acorn squash") cortada a la mitad a lo largo y despepitada

1/2 taza de compota de manzana

2 cucharadas de margarina en barra de aceite de maíz, derretida

1/2 cucharadita de canela en polvo

1/4 cucharadita de sal

1 Precalentar el horno a 400°F. Colocar las mitades de calabaza con el lado cortado hacía arriba en una bandeja de hornear con bordes.

2 En un tazón mediano, combinar los ingredientes que faltan; mezclar bien. Distribuir la mezcla uniformemente sobre las mitades de calabaza.

3 Hornear por 1 a 1 1/4 horas, o hasta que estén tiernos. Cortar cada mitad de calabaza a lo largo, en tercios, y servir.

¡Bueno para ti!

¿Has consumido tu pectina hoy? ¡Las manzanas son una fuente de pectina! La pectina es una fibra soluble que puede bajar los niveles de colesterol en la sangre.

Intercambios
1/2 Fécula
1/2 Grasa

Calorías 62
  Calorías de grasa 37
Grasa total . . . . 4 g
  Grasa saturada . . . . . 0.8 g
Colesterol . . . . 0 mg
Sodio . . . . 136 mg
Carbohidrato total . . . . 7 g
  Fibra dietética . . . . 2 g
  Azúcares . . . . 3 g
Proteína . . . . 1 g

Mazorca de Maíz Asado con Hierbas

Porción: 1 mazorca, Total: 4 Porciones

2 cucharadas de margarina en barra de aceite de maíz, derretida

1 diente de ajo, finamente picado

1 cebollino, finamente picado

1 cucharadita de hierba de eneldo ("dillweed") fresco, picado

1/8 cucharadita de pimienta negra molida

4 mazorcas de maíz medianas frescas, descascaradas

1 Precalentar el horno a 425°F. En un tazón pequeño, combinar la margarina, el ajo, el cebollino, la hierba de eneldo y la pimienta molida; mezclar bien.

2 Colocar cada mazorca de maíz en un pedazo de aluminio separado y pasar una brocha de cocinar con la mezcla de mantequilla sobre cada uno. Cerrar bien el papel aluminio sobre cada mazorca y sellarlo completamente, y poner las mazorcas en una bandeja de hornear con bordes.

3 Asar las mazorcas por 20 a 25 minutos, o hasta que los granos estén tiernos. Abrir con cuidado el papel aluminio y sacar las mazorcas. Servir de inmediato.

Intercambios

1 1/2 Fécula
1/2 Grasa

Calorías 137
Calorías de grasa 57
Grasa total . . . . 6 g
Grasa saturada . . . . . 1.2 g
Colesterol . . . . 0 mg
Sodio . . . . 62 mg
Carbohidrato total . . . 21 g
Fibra dietética . . . . 3 g
Azúcares . . . . 2 g
Proteína . . . . 3 g

"No importa si lo asas dentro del horno o en la parrilla, he aquí una nueva forma de avivar un viejo favorito al mismo tiempo que añades fibra a tu dieta. Al probarlo jamás pondrás de nuevo sólo mantequilla en tus mazorcas".

Zanahorias Glaseadas con Miel

Porción: 1/2 taza, Total: 4 Porciones

1 libra de zanahorias miniatura ("baby carrots")

2 cucharadas de margarina suave tipo "lite"

2 cucharadas de miel

1/2 cucharadita de jugo de limón

1/2 cucharadita de jengibre en polvo

1/4 cucharadita de sal

1 Colocar las zanahorias en una cacerola mediana. Agregar suficiente agua para taparlas y dejar hervir sobre fuego alto. Reducir el fuego a medio-alto, tapar y cocinar por 15 a 20 minutos, o hasta que estén al término deseado; escurrir bien y dejar a un lado.

2 En la cacerola, derretir la mantequilla sobre fuego bajo. Agregar los ingredientes que quedan; mezclar bien.

3 Regresar las zanahorias a la cacerola y revolver hasta que estén bien mezcladas y completamente calientes. Servir de inmediato.

Intercambios
1/2 Carbohidrato
2 Vegetal
1/2 Grasa

Calorías 99
Calorías de grasa 23
Grasa total . . . . 3 g
Grasa saturada . . . . . 0.2 g
Colesterol . . . . 0 mg
Sodio . . . . 269 mg
Carbohidrato total . . . 20 g
Fibra dietética . . . . 3 g
Azúcares . . . . 14 g
Proteína . . . . 1 g

Cuscús de Verduras

1 cucharada de aceite de oliva

1 cebolla mediana, picada

1 lata (14 1/2 onzas) de caldo de pollo, listo para usar (ver abajo)

1 paquete (10 onzas) de vegetales mixtos, descongelados

1 tomate mediano, picado

1 cucharada de hierba de eneldo ("dillweed") fresco, picado

1/2 cucharadita de comino molido

1 diente de ajo, finamente picado

1 paquete (10 onzas) de cuscús ("couscous")

1 Calentar el aceite de oliva en una olla sopera sobre fuego medio-alto. Agregar la cebolla y cocinar por 5 a 6 minutos, o hasta que esté dorada.

2 Agregar revolviendo el caldo de pollo, los vegetales mixtos, el tomate, la hierba de eneldo, el comino y el ajo; dejar hervir. Hervir por 2 minutos, revolviendo de vez en cuando.

3 Agregar el cuscús, tapar y quitar del fuego. Dejar que el cuscús repose por 5 minutos y esponjar con una cuchara y servir.

Intercambios

2 Fécula
1 Vegetal

Calorías 197
  Calorías de grasa 18
Grasa total . . . . 2 g
  Grasa saturada . . . . 0 g
Colesterol . . . . 0 mg
Sodio . . . . 160 mg
Carbohidrato total . . . 38 g
  Fibra dietética . . . . 4 g
  Azúcares . . . . 5 g
Proteína . . . . 7 g

"¿Has visto la gran variedad de paquetes de cuscús que hay en los supermercados, en la sección de arroz, y te preguntaste cómo hacer tu propia versión? He aquí tu oportunidad de probar este primo de la pasta. Y después de hacerlo en esta forma, quizás quieras sustituir el caldo de pollo con caldo de carne de res baja en grasa o caldo de vegetales, y quizás hasta agregar un poquito más de hierba de eneldo para incrementar el sabor. ¡Haz tu propia creación!"

Peras en Trozos con Puré de Manzana

Porción: 1/2 taza, Total: 6 Porciones

4 peras medianas, sin semillas, peladas y cortadas en trozos

4 manzanas medianas, sin semillas, peladas y cortadas en trozos

3/4 taza de jugo de manzana sin azúcar

1 ramita de canela

1 En una cacerola grande, poner a hervir todos los ingredientes sobre fuego alto.

2 Reducir el fuego a bajo, tapar y cocinar por 45 a 50 minutos, o hasta que llegue a la consistencia deseada, revolviendo de vez en cuando.

3 Servir tibio o dejar enfriar, tapar y poner en la refrigeradora hasta el momento de servir.

Nota

Utiliza las manzanas y peras que prefieras. Yo prefiero las manzanas "Red Delicious" y las peras "Bartlett" pero casi cualquier tipo que tengas a mano se puede utilizar. Además, si prefieres que tu salsa salga un poco más dulce, agrégale una cucharada de azúcar morena a la cacerola con todos los ingredientes.

Intercambios
2 Fruta

Calorías 113
  Calorías de grasa 6
Grasa total . . . . 1 g
  Grasa saturada . . . . 0 g
Colesterol . . . . 0 mg
Sodio . . . . 1 mg
Carbohidrato total . . . 29 g
  Fibra dietética . . . . 4 g
  Azúcares . . . . 25 g
Proteína . . . . 0 g

"Me gusta esta salsa como merienda fría, pero la he comido tibia también como un postre con una cucharada de helado de vainilla o yogur bajo en grasa. Utilizaré las palabras de Mr. Food una vez más... recuerda que ¡LA MODERACIÓN ES LA CLAVE!"

Sofrito de Espinaca con Garbanzo

Porción: 1/2 taza, Total: 6 Porciones

- **1** cucharada de aceite de canola
- **1** cebolla mediana, picada
- **1** paquete (10 onzas) de espinaca cortada, descongelada y secada
- **1** lata (8 onzas) de salsa de tomate
- **2** tazas de agua
- **1** lata (15 onzas) de garbanzos, enjuagados y escurridos
- **1/4** cucharadita de sal
- **1/2** cucharadita de pimienta negra molida

1 En una sartén grande, calentar el aceite sobre fuego medio-alto. Agregar la cebolla y sofreír por 2 a 3 minutos, o hasta que esté tierna. Agregar la espinaca y sofreír por 2 minutos más.

2 Reducir el fuego a medio-bajo, agregar revolviendo los ingredientes que faltan y cocinar, medio tapado, por 20 a 25 minutos, o hasta que la salsa se espese. Servir de inmediato.

Intercambios
1 Fécula
1 Vegetal
1/2 Grasa

Calorías	132
Calorías de grasa	34
Grasa total	4 g
Grasa saturada	0 g
Colesterol	0 mg
Sodio	427 mg
Carbohidrato total	20 g
Fibra dietética	6 g
Azúcares	6 g
Proteína	6 g

¿Sabías que ...

la espinaca contiene mucho hierro y vitaminas A y C? ¡Esa sí es una buena noticia!

Postres Deslumbrantes

Bombones de Cereza a la Nicole

Porción: 1 galleta, Total: 24 Porciones

3 cucharadas de mantequilla, suavizada

5 cucharadas de margarina en barra de aceite de maíz, suavizada

1 taza más 2 cucharadas de azúcar impalpable ("confectioner's sugar"), dividida

1 1/2 tazas de harina

2 cucharadas de leche sin grasa

1 cucharadita de extracto de vainilla

1/8 cucharadita de sal

24 cerezas marrasquino, escurridas, reservando 2 cucharaditas del líquido

1 Precalentar el horno a 350°F. En un tazón mediano, batir la mantequilla, la margarina y 3/4 taza del azúcar impalpable hasta que esté cremoso. Agregar revolviendo la harina, la leche, la vainilla y la sal; mezclar bien.

2 Formar la masa en 24 bolitas. Cubrir cada cereza con una bolita y colocar en una bandeja de hornear sin engrasar. Hornear por 18 a 20 minutos, o hasta que estén un poco doradas. Dejar enfriar sobre una rejilla de metal.

3 Poner 2 cucharadas de azúcar impalpable en un plato llano y pasar los bombones sobre el azúcar hasta que estén levemente cubiertos.

4 En un tazón pequeño, combinar lo que queda del azúcar impalpable (1/4 taza) y 2 cucharadas del líquido reservado de las cerezas; mezclar bien. Poner en una bolsa plástica resellable. Hacer un corte pequeño en una de las esquinas de la bolsa y rociar la mezcla sobre los bombones.

5 Dejar que los bombones se enfríen hasta que la mezcla esté firme, y servir, o guardar en un envase herméticamente sellado hasta cuando lo vaya a servir.

Intercambios

1 Carbohidrato
1/2 Grasa

Calorías 95
  Calorías de grasa 34
Grasa total . . . . 4 g
  Grasa saturada . . . . . 1.3 g
Colesterol . . . . 4 mg
Sodio . . . . 47 mg
Carbohidrato total . . . 14 g
  Fibra dietética . . . . 0 g
  Azúcares . . . . 7 g
Proteína . . . . 1 g

"Sí, tú puedes permitirte el lujo de comer algo dulce, como mis bombones favoritos, siempre y cuando cuentes los carbohidratos debidamente. Y no te olvides que un gramo de carbohidrato contiene cuatro calorías".

Fresas a la Charlotte

1 paquete (4 porciones) mezcla para budín de vainilla sin azúcar, listo para cocinar y servir

2 tazas de leche sin grasa

1 cuarto fresas frescas

2 cucharadas de azúcar

3 cucharaditas de extracto de vainilla, dividido

1 paquete (3 onzas) bizcochitos tipo "ladyfingers", cortados a la mitad

1 1/2 tazas de crema de nata batida congelada ("frozen whipped topping") sin grasa, descongelada

2 cucharadas de almendras asadas rebanadas (ver la "Nota")

1 Preparar el budín de acuerdo a las instrucciones del paquete, utilizando la leche sin grasa; poner a un lado para enfriar.

2 Mientras tanto, poner a un lado 8 fresas pequeñas para utilizarlas como adorno más adelante; enfriar hasta la hora de servir. Quitar el cáliz y rebanar las fresas que quedan y, en un tazón mediano, combinar con el azúcar y 1 cucharadita de vainilla; poner a un lado.

3 Colocar los bizcochitos en el fondo y a lo largo de los bordes de un tazón de servir de vidrio, de 2 1/2 cuartos. Verter las fresas en la mezcla sobre los bizcochitos. Agregar revolviendo lo que queda de la vainilla (2 cucharaditas) en el budín y verter el budín sobre las fresas.

4 Esparcir la crema nata batida sobre el budín. Tapar y dejar enfriar en la refrigeradora por al menos 2 horas antes de servirlo. Justo antes de servirlo, adornar con las fresas que se reservaron y las almendras tostadas.

Intercambios
2 Carbohidrato

Calorías 152	
Calorías de grasa 18	
Grasa total . . . . 2 g	
Grasa saturada . . . . . 0.3 g	
Colesterol . . . . 12 mg	
Sodio . . . . 104 mg	
Carbohidrato total . . . 29 g	
Fibra dietética . . . . 2 g	
Azúcares . . . . 18 g	
Proteína . . . . 4 g	

Nota

Para tostar las almendras rebanadas, póngalas sobre una bandeja de hornear y hornee en un horno precalentado a 350°F por 6 a 7 minutos, o, hasta que estén un poco doradas. Dale un vistazo a esta belleza en la foto I.

Sorpresa de Bizcocho de Ángel

Porción: 1 pedazo, Total: 12 Porciones

1 bizcocho de ángel ("angel food cake") preparado de 10 onzas

1 pinta de yogur congelado de vainilla-frambuesa, sin grasa, suavizado

1/2 taza de crema de nata batida congelada tipo "lite" ("frozen light whipped topping"), descongelada

1/2 taza de frambuesas frescas

Ramitos de menta fresca

1 Poner el bizcocho en un plato de servir. Con un cuchillo aserrado, rebanar 1 pulgada de la parte de arriba del bizcocho cortando horizontalmente toda la parte de arriba; cuidadosamente quitar la parte de arriba del bizcocho y reservarla.

2 Cortar un túnel en el centro del bizcocho y sacarlo con cucharón, dejando un borde de bizcocho de 3/4 pulgadas a los lados y la parte de abajo. (Reservar la porción sacada para otro uso).

3 Con una cuchara poner el yogur en el hueco y volver a taparlo con la parte de arriba del bizcocho reservada en el punto 1. Envolver el bizcocho con papel plástico y congelar hasta que esté firme; preparar para adornar y servir en cualquier momento después de 2 horas, o hasta 3 días.

4 Antes de servir, cubrir con cucharadas de crema nata batida y adornar con las fresas y la menta.

Intercambios
1 Carbohidrato

Calorías 86
Calorías de grasa 4
Grasa total . . . . 0 g
Grasa saturada . . . . 0 g
Colesterol . . . . 0 mg
Sodio . . . . 62 mg
Carbohidrato total . . . 18 g
Fibra dietética . . . . 1 g
Azúcares . . . . 13 g
Proteína . . . . 3 g

"Este postre no podía ser más fácil. De verdad, cualquier tipo de yogur congelado puede utilizarse, así como cualquier fruta. Además, puedes hacerlo con días de anticipación a una fiesta, para que tengas una cosa menos de que preocuparte. ¿Y por qué no guardar la parte del bizcocho que sacaste con cucharón para utilizarlo como algo de sumegir en el Fondu de Frambuesa (pág. 175).

Pastel de Chocolate "Spa"

Porción: 1 cuadrito, Total: 24 Porciones

3/4 taza (4 1/2 onzas) de chips de chocolate semidulce

3 cucharadas de leche (1%) baja en grasa

2 cucharadas de margarina sin sal

1 taza de azúcar

3 huevos

1 taza de harina de trigo integral

1 taza de harina

2 cucharaditas bicarbonato de soda

2 tazas de café enfriado

1 Precalentar el horno a 350°F. Rociar con aceite en spray una cacerola para hornear de 9" × 13". En una cacerola pequeña, derretir el chocolate en leche sobre fuego bajo; poner a un lado.

2 En un tazón grande, batir la margarina y el azúcar hasta que estén cremosos. Agregar los huevos de a uno, batiendo bien después de cada huevo. Agregar la mezcla de chocolate; batir bien hasta que esté bien mezclado. Agregar la harina de trigo integral y harina, el bicarbonato de soda y el café; continuar batiendo hasta que esté bien mezclado.

3 Verter la mezcla en la cacerola para hornear y hornear por 22 a 25 minutos, o hasta que un palillo insertado en el centro salga limpio. Dejar enfriar completamente y cortar en cuadritos y servir.

Intercambios

1 1/2 Carbohidratos
1/2 Grasa

Calorías	114
Calorías de grasa	31
Grasa total	3 g
Grasa saturada	1.4 g
Colesterol	27 mg
Sodio	116 mg
Carbohidrato total . . .	20 g
Fibra dietética	1 g
Azúcares	12 g
Proteína	2 g

"¿Podemos usar las palabras 'chocolate' y 'spa' en la misma oración? ¡Claro que sí! Y poniéndole encima de cada servida una cucharada de crema de nata batida o yogur bajo en grasa y unas fresas, frambuesas o rebanadas de kiwi frescos, ¡puede ser el coronamiento del dulce!

Pastel de Queso sin Fondo de Masa

Porción: 1 cuadrito, Total: 12 Porciones

2 paquetes (8 onzas c/u) de queso crema sin grasa, suavizado

1/2 taza más 1 cucharada de azúcar

3 huevos

1 cucharadita de extracto de vainilla, dividida

1/2 cucharadita de jugo de limón fresco, dividida

1 taza de crema agria sin grasa

1 Precalentar el horno a 325°F. Rociar con aceite en spray una cacerola cuadrada para hornear de 8 pulgadas.

2 En un tazón grande, combinar el queso crema y 1/2 cucharada del azúcar; batir bien. Batir los huevos de a uno, mientras está batiendo agregar 1/2 cucharadita de vainilla y 1/4 cucharadita de jugo de limón hasta que estén bien mezclados.

3 Con una cuchara poner la mezcla dentro de la cacerola y hornear por 40 a 45 minutos, o hasta que esté dorado. Sacar del horno y dejar enfriar por 10 minutos. No apagar el horno.

4 Mientras tanto, en un tazón pequeño, combinar la crema agria y lo que queda del azúcar (1 cucharada), 1/2 cucharadita de vainilla y 1/4 cucharadita de jugo de limón; mezclar bien. Esparcir encima del dulce de queso y hornear por 10 minutos.

5 Dejar que el pastel de queso se enfríe, tapar y poner en la refrigeradora por al menos 4 horas, o hasta el día siguiente.

Intercambios

1 Carbohidrato
1 Carne Muy Magra

Calorías 111
  Calorías de grasa 11
Grasa total . . . . 1 g
  Grasa saturada . . . . . 0.4 g
Colesterol . . . . 59 mg
Sodio . . . . 295 mg
Carbohidrato total . . . 13 g
  Fibra dietética . . . . 0 g
  Azúcares . . . . 12 g
Proteína . . . . 8 g

"¿No creías que podrías tener el placer de comer pastel de queso? Ten listo tu tenedor, porque ¡éste es para ti! Y si crees que va a tener menos sabor porque no tiene fondo . . . ¡estás equivocado! Solamente menos carbohidratos".

Pastel "en Lata"

1 taza de agua

2 cucharadas de café instantáneo

1/2 taza de pasas

1 cucharadita de bicarbonato de soda

1 taza de azúcar

3 1/2 cucharadas de mantequilla, suavizada

1/2 cucharada de extracto de vainilla

1 huevo

1/8 cucharadita de canela en polvo

2 tazas de harina de trigo integral

1 Precalentar el horno a 325°F. Rociar con aceite en spray dos latas de café (1 libra c/u) limpios.

2 En una cacerola pequeña, combinar el agua, el café, las pasas y el bicarbonato de soda sobre fuego medio-alto. Dejar hervir y cocinar por 2 minutos, revolviendo constantemente. Quitar la cacerola del fuego y dejar enfriar.

3 En un tazón mediano, hacer crema el azúcar y la mantequilla. Agregar la vainilla, los huevos y la canela. Agregar revolviendo la harina y la mezcla enfriada de las pasas, alternando entre sí, mezclando todo bien.

4 Dividir la masa en partes iguales entre las dos latas de café. Poner ambas latas en una bandeja de hornear y hornear por 50 a 55 minutos, o hasta que un palillo de madera insertado en el centro salga completamente limpio. Dejar enfriar por 15 minutos.

5 Sacar el pastel de las latas, abriendo los lados inferiores de las latas con un abridor de latas y empujando cuidadosamente el pastel para afuera de la parte superior de las latas. Cortar en rodajas y servir.

Intercambios

1 1/2 Carbohidratos

Calorías 113
   Calorías de grasa 23
Grasa total . . . . 3 g
   Grasa saturada . . . . . 1.4 g
Colesterol . . . . 16 mg
Sodio . . . . 82 mg
Carbohidrato total . . . 22 g
   Fibra dietética . . . . 2 g
   Azúcares . . . . 12 g
Proteína . . . . 2 g

"¿Qué te parece servir esto con queso crema reducido en grasa? ¡Qué sabroso!"

Pastel de Cóctel de Frutas

Porción: 1 cuadrito, Total: 20 Porciones

2 1/4 tazas de harina

1 taza de azúcar morena, compactada

1/4 taza (1/2 barra) de mantequilla, suavizada

1 lata (15 onzas) de cóctel de fruta tipo "lite", escurrido, reservando el jugo

1/2 taza de sustituto de huevo

1 cucharadita de extracto de vainilla

2 cucharaditas de bicarbonato de soda

1 cucharadita de sal

1 Precalentar el horno a 350°F. Rociar con aceite en spray una cacerola para hornear de 9" × 13".

2 En un tazón grande, con una batidora eléctrica puesta en media velocidad, batir la harina, el azúcar morena, la mantequilla, el jugo reservado, el sustituto de huevos, la vainilla, el bicarbonato de soda y la sal por 2 minutos, o hasta que esté liso. Agregar revolviendo el cóctel de fruta.

3 Verter en la cacerola y hornear por 25 a 30 minutos, o hasta que un palillo de madera insertado en el centro salga limpio. Dejar enfriar completamente, cortar en cuadritos y servir.

Intercambios
1 1/2 Carbohidrato
1/2 Grasa

Calorías 125
　Calorías de grasa 22
Grasa total . . . . 2 g
　Grasa saturada . . . . 1 g
Colesterol . . . . 6 mg
Sodio . . . . 282 mg
Carbohidrato total . . . 24 g
　Fibra dietética . . . . 1 g
　Azúcares . . . . 13 g
Proteína . . . . 2 g

"Esta es una receta muy fácil de hacer y es la forma perfecta de lograr que los niños entren a la cocina para ayudar".

Torta de Manzana con Capa Crujiente

Porción: 1/2 taza, Total: 8 Porciones

6 manzanas medianas, centros quitados, peladas y finamente rebanadas

1/4 taza más 2 cucharadas de harina, dividida

1 cucharada de azúcar

1/2 cucharadita de canela en polvo

1/2 taza de avena de rápida cocción

3 cucharadas de azúcar morena clara

2 cucharadas de margarina reducido en grasa

1 Precalentar el horno a 400°F. Rociar con aceite en spray un plato para pastel seguro para microondas de 9 pulgadas.

2 En un tazón grande, combinar las manzanas, 2 cucharadas de harina, el azúcar y la canela; mezclar bien. Con una cuchara verter en el plato para pastel y tapar con papel de cera. Cocinar en el microondas, en alto, por 4 a 6 minutos, o hasta que las manzanas estén suaves.

3 Mientras tanto, en un tazón mediano, combinar lo que queda de la harina (1/4 taza), la avena, y el azúcar morena; mezclar bien. Con un tenedor, añadir la margarina mezclando hasta que esté desmenuzada; esparcir sobre la manzana. Hornear por 20 a 25 minutos, o hasta que esté dorado y burbujeante. Servir tibio.

Intercambios
2 Carbohidrato

Calorías 144
   Calorías de grasa 16
Grasa total . . . . 2 g
   Grasa saturada . . . . 0 g
Colesterol . . . . 0 mg
Sodio . . . . 25 mg
Carbohidrato total . . . 32 g
   Fibra dietética . . . . 3 g
   Azúcares . . . . 19 g
Proteína . . . . 2 g

Bizcochitos de Doble Chocolate

Porción: 1 cuadrito, Total: 16 Porciones

2/3 taza de harina

2/3 taza de azúcar

1/2 taza de cacao en polvo sin azúcar

1/4 taza (1/2 barra) de margarina en barra de aceite de maíz, derretida

2 cucharadas de agua

1 cucharadita de extracto de vainilla

1/2 cucharadita de polvo de hornear

1/3 taza de sustituto de huevo

1/4 taza de salsa de chocolate caliente ("hot fudge sauce") sin grasa

1 Precalentar el horno a 350°F. Rociar con aceite en spray una cacerola para hornear de 8 pulgadas.

2 En un tazón grande, combinar todos los ingredientes menos la salsa de chocolate; mezclar bien y untar la mitad de la masa en la cacerola. Cubrir con la salsa de chocolate y esparcir la masa que queda sobre la salsa.

3 Hornear por 25 a 30 minutos, o hasta que un palillo de madera insertado en el centro salga limpio. Enfriar completamente, cortar en cuadritos y servir.

Intercambios
1 Carbohidrato
1/2 Grasa

Calorías 100
   Calorías de grasa 29
Grasa total . . . . 3 g
   Grasa saturada . . . . . 0.8 g
Colesterol . . . . 0 mg
Sodio . . . . 69 mg
Carbohidrato total . . . 17 g
   Fibra dietética . . . . . . 1 g
   Azúcares . . . . 11 g
Proteína . . . . 2 g

"¡Cuando esta receta pasó por mi escritorio, casi me caí de la silla! ¿Bizcochitos de Doble Chocolate en un libro de recetas para personas con diabetes? Nosotros lo probamos y no sólo es bueno, sino que está dentro de las pautas del plan de comidas para una persona con diabetes. Pero recuerda mi mantra: ¡la moderación es la clave!"

Pastel de Fresa

Porción: 1 bizcocho, Total: 6 Porciones

2 1/2 tazas de harina especial para galleta tipo "biscuit", reducida en grasa

3/4 taza de leche sin grasa

1 cucharada de margarina en barra de aceite de maíz, derretida

1 cucharada de azúcar

1/4 cucharadita de canela en polvo

1 cuarto fresas, cáliz quitado y cortadas en rebanadas

1 1/2 tazas de crema de nata congelada sin grasa ("frozen fat-free whipped topping"), descongelada

1 Precalentar el horno a 450°F. En un tazón grande, combinar la harina con la leche, mezclar hasta que se forme una masa suave.

2 Poner la masa en una superficie para amasar, cubierta con un poquito de la harina especial. Amasar la masa 10 veces, agregando un poquito más de la harina especial para que se ponga tieso, si es necesario. Estirar la masa hasta que tenga 1/2 pulgada de grosor. Utilizando un cortador de galletas "biscuit" de 3 pulgadas, cortar en 6 círculos. Volver a unir y estirar la masa y cortar 2 círculos más con la masa restante. Poner la masa de círculos en una bandeja para hornear galletas, sin engrasarla.

3 En un tazón pequeño, combinar la margarina, el azúcar y la canela; mezclar bien y pincelar la mezcla sobre los círculos de masa. Hornear por 8 a 10 minutos, o hasta que esté dorado. Sacar las galletas, ponerlas en una rejilla y dejar enfriar completamente.

4 Cortar cada bizcocho horizontalmente a la mitad y separar; poner las fresas, y la mitad de la crema de nata sobre la parte inferior de las galletas, y poner encima la parte superior de las galletas. Poner encima la crema nata que queda y adornar con las fresas que quedan. Servir de inmediato.

Intercambios

2 1/2 Carbohidrato
1/2 Grasa

Calorías 207
  Calorías de grasa 37
Grasa total . . . . 4 g
  Grasa saturada . . . . . 0.6 g
Colesterol . . . . 0 mg
Sodio . . . . 436 mg
Carbohidrato total . . . 39 g
  Fibra dietética . . . . 3 g
  Azúcares . . . . 11 g
Proteína . . . . 4 g

Duraznos con Migas de Dulce

Porción: 1/2 taza, Total: 8 Porciones

6 duraznos, carozos sacados y finamente rebanados

3/4 taza de azúcar morena clara, compactada

1 taza de galletas de canela tipo "graham", gruesamente desmenuzadas

1 Precalentar el horno a 375°F. Rociar una cacerola para hornear de 8 pulgadas con aceite en spray.

2 Combinar los duraznos y el azúcar morena en la cacerola de hornear.

3 Esparcir la mezcla de galletas sobre los duraznos y hornear por 30 a 35 minutos, o hasta que los duraznos estén calientes y burbujeantes. Servir tibio.

Intercambios
2 1/2 Carbohidrato

Calorías 165	
Calorías de grasa 12	
Grasa total . . . . 1 g	
Grasa saturada . . . . . 0.2 g	
Colesterol . . . . 0 mg	
Sodio . . . . 72 mg	
Carbohidrato total . . . 39 g	
Fibra dietética . . . . . . 2 g	
Azúcares . . . . 31 g	
Proteína . . . . 1 g	

"Esta receta del sur es buenísima durante el verano. Como toque final, sirve el platillo aún tibio con una cucharada de yogur de vainilla congelado bajo en grasa. ¿Qué te parece? ¡Formarán filas para servirse segundos!"

Bizcocho de Almendras

Porción: 1 bizcocho, Total: 32 Porciones

Aceite en spray

1 taza de harina

1/2 taza de azúcar

1/2 cucharadita de bicarbonato de soda

1/8 cucharadita de sal

2 huevos

3/4 cucharaditas de extracto de almendras

1/2 taza de almendras escaldadas enteras

"Estas galletas crocantes están hechas para sumergir, así que disfrútalas con leche o con tu bebida caliente favorita".

Intercambios
1/2 Carbohidratos

Calorías 44
  Calorías de grasa 13
Grasa total . . . . 1 g
  Grasa saturada . . . . . 0.2 g
Colesterol . . . . 13 mg
Sodio . . . . 34 mg
Carbohidrato total . . . . 7 g
  Fibra dietética . . . . 0 g
  Azúcares . . . . 3 g
Proteína . . . . 1 g

1 Precalentar el horno a 350°F. Cubrir 2 bandejas de hornear con aceite en spray.

2 En un tazón grande, combinar todos los ingredientes menos las almendras; mezclar bien con una cuchara. Agregar las almendras revolviendo hasta que se mezclen bien (la masa será gruesa y pegajosa).

3 Dividir la masa en 4 partes iguales y formar hogazas de 2 pulgadas de ancho. Colocar 2 hogazas en cada bandeja de hornear con una separación de 2 pulgadas una de otra.

4 Hornear durante 15 minutos. Reducir la temperatura del horno a 325°F. Retirar las hogazas del horno y dejar enfriar durante 15 minutos.

5 Cortar cada hogaza en 8 rebanadas de 1/2 pulgada. Colocar las rebanadas apoyándolas sobre el lado cortado en las bandejas de hornear y hornear durante 15 minutos más. Dar vuelta a las rebanadas y hornear durante 15 minutos o hasta que estén bien crocantes.

6 Dejar enfriar, luego guardar en un recipiente hermético.

Ensalada Tropical de Gelatina

Porción: 1/2 taza, Total: 10 Porciones

2 paquetes (4 porciones) de gelatina de naranja, sin azúcar

2 tazas de agua hirviendo

1 taza de cubitos de hielo

1 lata (15 1/4 onzas) de cóctel de fruta tropical, escurrido

1 3/4 tazas de crema de nata congelada tipo "lite" ("frozen light whipped cream"), descongelada

1 En un tazón grande, disolver la gelatina en agua hirviendo; agregar el hielo y revolver hasta que se derritan.

2 Agregar los ingredientes que faltan; mezclar hasta que estén totalmente combinados. Verter en un molde de 4 tazas o en un tazón de servir.

3 Tapar y enfriar por al menos 3 horas, hasta que esté listo. Sacar del molde, cortar, y servir.

Intercambios
1/2 Carbohidrato

Calorías 50
  Calorías de grasa 13
Grasa total . . . . 1 g
  Grasa saturada . . . . 1 g
Colesterol . . . . 0 mg
Sodio . . . . 47 mg
Carbohidrato total . . . . 8 g
  Fibra dietética . . . . 0 g
  Azúcares . . . . 5 g
Proteína . . . . 1 g

"¿Quieres ser popular con los niños? He aquí una actividad que será divertida para ellos (y tienen buen sabor también): En vez de poner en un molde, viértelo en una bandeja de hornear para galletas. Después que esté listo, deja que los niños corten diferentes formas con cortadores de galletas".

Ambrosía Fácil y Ligera

1 lata (20 onzas) de piña en trozos en jugo ligero, escurrido

1 jarra (6 onzas) de cerezas marrasquino ("maraschino cherries"), escurridas y cortadas a la mitad

1 lata (11 onzas) mandarinas, escurridas

1 taza (8 onzas) yogur de vainilla, bajo en grasa

1/2 taza de malvaviscos miniatura ("miniature marshmallows")

2 cucharadas de coco rallado endulzado

1 En un tazón grande, combinar todos los ingredientes y revolver hasta que esté uniformemente cubierto con el yogur.

2 Tapar y enfriar en la refrigeradora por al menos 1 hora, o hasta que esté listo para servir.

Nota

Cuando los niveles de glucosa en la sangre están altos, también están altos los de la saliva. Los niveles altos de glucosa en la sangre que no se tratan pueden causar caries. Por lo tanto, no te olvides de cepillarte los dientes después de cada comida . . . ¡y especialmente después de comer un postre!

Intercambios
1 1/2 Carbohidrato

Calorías 98
  Calorías de grasa 8
Grasa total . . . . 1 g
  Grasa saturada . . . . 1 g
Colesterol . . . . 2 mg
Sodio . . . . 26 mg
Carbohidrato total . . . 21 g
  Fibra dietética . . . . 1 g
  Azúcares . . . . 19 g
Proteína . . . . 2 g

Fondu de Frambuesa

Porción: 1/4 taza, Total: 5 Porciones

1 paquete (12 onzas) de frambuesas congeladas, descongeladas

1/4 taza de azúcar

1 cucharadita de menta fresca picada

1 Poner las frambuesas en una batidora y batirlos hasta que se conviertan en puré. Colar el puré y verter en una cacerola mediana. Utilizando una cuchara de madera, hacer presión sobre el colador, descartando las semillas.

2 Agregar el azúcar al puré y calentar sobre fuego medio hasta que el azúcar se derrita y el fondue esté burbujeante, revolviendo frecuentemente.

3 Agregar revolviendo la menta y transferir a un recipiente para fondu y mantener tibio, o servir a temperatura ambiente.

Intercambios
1 Carbohidrato

Calorías	58
Calorías de grasa	1
Grasa total	0 g
Grasa saturada	0 g
Colesterol	0 mg
Sodio	1 mg
Carbohidrato total . . .	15 g
Fibra dietética	0 g
Azúcares	15 g
Proteína	0 g

"¡Ayúdame! ¿Necesitas un postre fácil y rápido que realmente impresionará a tus invitados? Este es uno bien rápido que se acerca a la meta. Puede ser servido con frambuesas, pedazos de manzana, trozos de bizcochuelo, bueno . . . casi cualquier cosa que puedas sumergir en la salsa. Sé tan creativo como quieras, sin pasarte".

Manzanas con Especias

2 tazas de jugo de arándano ("cranberry juice")

1 taza de agua

1/4 taza de azúcar

2 cucharadas de jugo de limón

1 palo de canela

6 clavos de olor

6 manzanas medianas tipo "Red Delicious," peladas

1 En una olla sopera, combinar el jugo de arándano, el agua, el azúcar, el jugo de limón, el palo de canela y los clavos de olor. Agregar las manzanas y poner el líquido a hervir.

2 Reducir el fuego a bajo, tapar, y cocinar por 25 minutos, o hasta que las manzanas estén tiernas, revolviendo de vez en cuando. Sacar las manzanas del jarabe y ponerlas en un plato de servir.

3 Poner el jarabe a hervir rápidamente por 10 minutos, destapado, o hasta que el líquido se disminuya cerca de un tercio. Verter el jarabe sobre las manzanas. Reservar el palo de canela y los clavos de olor para usar como coronamiento, o descartarlos.

4 Dejar que las manzanas se enfríen por cerca de 30 minutos y servir tibio, o tapar y poner en la refrigeradora hasta servir, dando vuelta a las manzanas de vez en cuando para cubrir con el jarabe.

Intercambios
2 1/2 Carbohidrato

Calorías 152
 Calorías de grasa 5
Grasa total . . . . 1 g
 Grasa saturada . . . . 0 g
Colesterol . . . . 0 mg
Sodio . . . . 3 mg
Carbohidrato total . . . 39 g
 Fibra dietética . . . . 3 g
 Azúcares . . . . 36 g
Proteína . . . . 0 g

Pastel de Banana Cremoso

Porción: 1 rebanada, Total: 8 Porciones

1 paquete (4 porciones) de mezcla para budín de vainilla sin azúcar, listo para cocinar y servir

1 taza de leche sin grasa

1 banana madura grande, pelada y rebanada

1 masa para pastel de galletas tipo "graham" de 9 pulgadas, reducida en grasa

1 envase (8 onzas) de crema de nata congelada sin grasa ("frozen fat-free whipped topping"), descongelada y dividida

1 En una cacerola mediana, combinar el pudín y la leche y cocinar sobre fuego medio hasta que se espese, revolviendo constantemente. Remover del fuego, tapar la superficie del pudín con papel cera y dejar enfriar.

2 Poner las rebanadas de banana en el fondo de la masa de pastel. Incorporar lentamente la mitad de la crema de nata al budín frío.

3 Con una cuchara poner la mezcla del pudín sobre la banana, sin batir, y el resto de la crema de nata sobre la mezcla del budín. Tapar y poner en la refrigeradora por al menos 4 horas, o hasta que esté listo para servir. Servir como está o adornar como quieras.

Intercambios
2 Carbohidrato
1/2 Grasa

Calorías 173
   Calorías de grasa 33
Grasa total . . . . 4 g
   Grasa saturada . . . . . 0.6 g
Colesterol . . . . 1 mg
Sodio . . . . 183 mg
Carbohidrato total . . . 32 g
   Fibra dietética . . . . 0 g
   Azúcares . . . . 13 g
Proteína . . . . 2 g

"¡Ojo a la foto H para ver que tan delicioso se ve! Es tan sabroso que es difícil de creer que el pastel entero solamente contiene una banana".

Pastel de Copitas de Mantequilla de Maní

Porción: 1 rebanada, Total: 10 Porciones

1 paquete (4 porciones) de mezcla para budín de vainilla instantáneo, sin azúcar

1 1/2 tazas de leche sin grasa

1/3 taza de mantequilla de maní con maní en trozos ("chunky peanut butter"), reducido en grasa

1 1/2 tazas de crema de nata congelada sin grasa ("frozen fat-fre whipped topping"), descongelada y dividida

1 paquete (1.5 onzas) copitas de mantequilla de maní ("peanut butter cups"), despedazadas

1 masa para pastel de galletas tipo "graham" de 9 pulgadas, reducida en grasa

1 En un tazón grande, utilizando un batidor de mano, combinar el budín y la leche hasta que esté espeso. Agregar batiendo la mantequilla de maní y 1 taza de crema nata. Agregar revolviendo las copitas de mantequilla de maní.

2 Verter la mezcla dentro de la masa para pastel, y esparcir lo que queda de la crema nata (1/2 tazas) encima de la mezcla.

3 Tapar y poner en la refrigeradora por al menos 4 horas, o hasta que esté listo para servir.

Intercambios
1 1/2 Carbohidrato
1 1/2 Grasa

Calorías 184
Calorías de grasa 64
Grasa total . . . . 7 g
Grasa saturada . . . . . 1.4 g
Colesterol . . . . 1 mg
Sodio . . . . 201 mg
Carbohidrato total . . . 26 g
Fibra dietética . . . . 1 g
Azúcares . . . . 11 g
Proteína . . . . 5 g

"¿Tienes ganas de comer algo sabroso? Prácticamente todo de esta receta es bajo en grasa, pero no bajo en sabor, de modo que, ¡adelanta a calmar ese deseo!"

Galletas de Avena con Chips de Chocolate

Porción: 3 galletas, Total: 16 Porciones

1 3/4 tazas de harina

1 cucharadita de bicarbonato de soda

1/2 cucharadita de sal

1/2 taza de azúcar morena clara, compactada

1/2 taza de azúcar granulada

6 cucharadas de margarina en barra de aceite de maíz, suavizada

1/2 taza de compota de manzana sin azúcar

2 claras de huevo

1 cucharadita de extracto de vainilla

2 1/2 tazas de avena de rápida cocción o a la antigua

1/4 tazas de chips de chocolate, semi dulce

1. Precalentar el horno a 375°F. Rociar bandejas de hornear con aceite en spray.

2. En un tazón pequeño, combinar la harina, el bicarbonato de soda y la sal; poner a un lado.

3. En un tazón grande, batir el azúcar morena y azúcar granulada, la margarina y la compota de manzana hasta que estén lisos. Agregar batiendo las claras de huevo y la vainilla. Agregar gradualmente la mezcla de harina hasta que esté lisa. Con una cuchara, agregar revolviendo la avena y los chips de chocolate.

4. Verter cucharadas redondas de la mezcla sobre las bandejas de de hornear con 2 a 3 pulgadas de separación. Hornear por 9 a 10 minutos, o hasta que estén doradas. Dejar enfriar en las bandejas por 2 minutos, quitar de las bandejas, poner en una rejilla y dejar enfriar completamente.

Intercambios

2 1/2 Carbohidrato
1/2 Grasa

Calorías 205
  Calorías de grasa 54
Grasa total . . . . 6 g
  Grasa saturada . . . . . 1.4 g
Colesterol . . . . 0 mg
Sodio . . . . 205 mg
Carbohidrato total . . . 35 g
  Fibra dietética . . . . 2 g
  Azúcares . . . . 16 g
Proteína . . . . 4 g

"Los chips de chocolate en miniatura son buenísimos para las recetas del horno, ya que con éstos es verdad que un poquito basta para mucho".

Peras Escalfadas con Salsa de Chocolate

Porción: 1 pera, Total: 4 Porciones

4 peras tipo "Bartlett" firmes, peladas

4 tazas de agua

1 palo de canela

1 1/4 cucharadita de extracto de vainilla, dividida

1/4 cucharadita de nuez moscada en polvo

1/4 taza de azúcar

2 cucharadas de cacao en polvo, sin azúcar

2 cucharaditas de maicena

3/4 taza de leche sin grasa

1 Cortar un pedazo bien fino de la parte inferior de cada pera y pararlas en una cacerola mediana. Agregar el agua, el palo de canela, 1 cucharadita de vainilla y la nuez moscada. Dejar hervir sobre fuego alto. Reducir el fuego a bajo, tapar y cocinar por 30 minutos, o hasta que las peras estén tiernas; escurrir.

2 Mientras tanto, en una cacerola pequeña, combinar el azúcar, el cacao en polvo, la maicena y lo que queda de la vainilla (1/4 cucharadita). Agregar la leche batiendo cuidadosamente hasta que esté liso y dejar hervir sobre fuego medio-alto, batiendo constantemente. Cocinar por 2 minutos, o hasta que espese. Dejar enfriar un poco.

3 Verter una cucharada de la salsa de chocolate sobre cada plato de postre. Poner las peras en la salsa y verter más salsa sobre cada una, dejando que la salsa de chocolate gotee a los lados de la pera. Servir de inmediato.

Intercambios
2 1/2 Carbohidrato

Calorías 156
Calorías de grasa 9
Grasa total . . . . 1 g
Grasa saturada . . . . 0 g
Colesterol . . . . 1 mg
Sodio . . . . 24 mg
Carbohidrato total . . . 38 g
Fibra dietética . . . . 4 g
Azúcares . . . . 31 g
Proteína . . . . 3 g

"Yo sé que esta receta parece difícil, pero no te preocupes. ¡Puedes ha-cerlo! ¡Y que presentación! Si deseas, sé creativo y haz diseños en el borde del plato con la salsa de chocolate antes de verterla sobre la pera. Deja que la foto en la página opuesta te inspire."

Peras Escalfadas con
Salsa de Chocolate

F

Torta de Frutas

G

Pastel de Platano
con Crema

H

Pastel de Chocolate Cremoso

Pastel de Chocolate Cremoso

Porción: 1 pedazo, Total: 8 Porciones

1/4 taza de cacao en polvo, sin azúcar

2 cucharadas de aceite vegetal

1/4 taza de azúcar

1/3 taza de leche (1%) baja en grasa

4 onzas de queso crema sin grasa,
suavizado

1 envase (12 onzas) de crema de
nata congelada sin grasa
("frozen fat-free whipped topping"), descongelada

1 masa para pastel de galletas tipo
"graham" de 9 pulgadas, reducida en grasa

1 En un tazón grande, combinar el
cacao en polvo con el aceite. Agregar el azúcar y la leche; mezclar con
una cuchara hasta que esté liso.

2 Agregar el queso crema y batir con
una batidora eléctrica, velocidad
media, hasta que esté liso. Con una
cuchara agregar la crema de nata hasta
que esté completamente mezclado.

3 Verter dentro de la masa de pastel,
tapar sin apretar y poner en el
congelador por al menos 4 horas, o
hasta que esté firme.

Intercambios
2 1/2 Carbohidrato
1 Grasa

Calorías 241
Calorías de grasa 66
Grasa total . . . . 7 g
Grasa saturada . . . . 1 g
Colesterol . . . . 2 mg
Sodio . . . . 230 mg
Carbohidrato total . . . 38 g
Fibra dietética . . . . . . 1 g
Azúcares . . . . 18 g
Proteína . . . . 4 g

Toque Final

*"Esta receta es muy buena en
esta forma, pero quizás quieras agregar
unas frambuesas o crema de nata sin grasa
con pedacitos de dulces como coronamiento.
Mira como lo hemos adornado en la
página opuesta".*

Tarta de Frutas

2 tazas de harina

2 cucharadas de azúcar

1/2 cucharadita de sal

2/3 taza de aceite de canola

2 tazas más 2 cucharadas de leche sin grasa, divididas

1 paquete (4 porciones) mezcla de budín de vainilla instantáneo, sin azúcar

1 kiwi, pelado y rebanado

1 lata (15 1/4 onzas) de duraznos en rebanadas, escurridos

1/2 pinta de arándanos azules ("blueberries") frescos, lavados

1 pinta de fresas frescas, lavadas, sin cáliz, cortadas a la mitad

1 Precalentar el horno a 400°F. En un tazón grande, combinar la harina, el azúcar y la sal; mezclar bien. En un tazón pequeño, batir el aceite y 2 cucharadas de leche; verter dentro de la mezcla de la harina. Usando un tenedor, mezclar hasta que los ingredientes secos estén humedos.

2 Usando los dedos, presionar la masa uniformemente sobre la parte inferior y los lados de una bandeja para pizza de 12 pulgadas, con borde. Con un tenedor, hacer incisiones a la masa por todas partes y hornear por 10 a 12 minutos, o hasta que esté dorado. Sacar del horno y dejar enfriar.

3 En un tazón mediano, batir la mezcla de budín y lo que queda de la leche (2 tazas) hasta que se espese. Esparcir uniformemente sobre la masa fría.

4 Arreglar la fruta en una forma circular sobre el budín, empezando con el kiwi en el centro, y continuando con los duraznos y los arándanos y terminando con un borde de fresas. (Ver la foto G). Poner en la refrigeradora por 1 a 2 horas antes de servir.

Intercambios

1 1/2 Carbohidrato
2 Grasa

Calorías 188
 Calorías de grasa 88
Grasa total . . . . 10 g
 Grasa saturada . . . . 0 g
Colesterol . . . . 1 mg
Sodio . . . . 174 mg
Carbohidrato total . . . 22 g
 Fibra dietética . . . . 2 g
 Azúcares . . . . 8 g
Proteína . . . . 3 g

Tiramisú

1/2 taza de agua tibia

1 cucharada de granos de café instantáneo

2 paquetes (4 porciones) de mezcla de budín de vainilla instantáneo, sin azúcar

2 tazas de leche sin grasa

1 paquete (8 onzas) de queso crema sin grasa, suavizado

1 paquete (3 onzas) de bizcochitos tipo "ladyfingers"

1 3/4 tazas de crema nata congelada sin grasa ("frozen fat-free whipped topping"), descongelada

1/2 cucharadita de cacao en polvo, sin azúcar

1 En un tazón pequeño, combinar el agua y el café; revolver para disolver el café. Poner a un lado 1 cucharada de la mezcla.

2 En un tazón grande, batir la mezcla de budín y la leche hasta que se espese; agregar revolviendo gran parte de la mezcla del café. Agregar el queso crema y batir hasta que esté liso. Dividir los bizcochitos en dos porciones y poner una mitad en el fondo de una cacerola de vidrio para hornear de 8 pulgadas.

3 Cubrir los bizcochitos con lo que queda de la mezcla del café. Con una cuchara, verter uniformemente la mezcla del budín sobre los bizcochitos. Poner lo que queda de los bizcochitos sobre el budín y poner encima la crema de nata.

4 Rociar con el cacao, tapar y poner en la refrigeradora por 2 a 4 horas, o hasta que esté listo para servirlo.

Intercambios
1 Carbohidrato
1/2 Grasa

Calorías 105
  Calorías de grasa 14
Grasa total . . . . 2 g
  Grasa saturada . . . . . 1.3 g
Colesterol . . . . 11 mg
Sodio . . . . 382 mg
Carbohidrato total . . . 18 g
  Fibra dietética . . . . 0 g
  Azúcares . . . . 8 g
Proteína . . . . 5 g

"Yo sé lo difícil que es cumplir con un plan de comidas, pero si limitas otras porciones del día para compensar, podrás disfrutar de este postre".

Índice

Acerca de la American Diabetes Association

La American Diabetes Association (ADA) es la principal organización voluntaria de la salud a nivel nacional que apoya la investigación de la diabetes, información sobre la enfermedad y la defensa de las personas con diabetes. Fundada en 1940, la misión de la asociación es prevenir y curar la diabetes y mejorar las vidas de todas las personas afectadas por la enfermedad. La ADA es la principal organización editorial de información integral sobre la diabetes. Su enorme biblioteca de libros prácticos y expertos para las personas con diabetes cubre todos los aspectos del autocuidado: cocina y nutrición, salud y bienestar, control del peso, medicamentos, problemas de salud, aspectos emocionales y autocuidados en general.

Para pedir libros de la American Diabetes Association: Llama al 1-800-232-6733 o visita *http://store.diabetes.org*

Para hacerte miembro de la American Diabetes Association: Llama al 1-800-806-7801 o visita *www.diabetes.org/membership*

Para obtener más información sobre la diabetes o los programas de la ADA: Llama al 1-800-342-2383. Puedes enviar un correo electrónico a AskADA@diabetes.org o visitar *www.diabetes.org*

Para localizar un proveedor de atención de calidad para la diabetes en tu área que sea reconocido por la ADA/NCQA: Visita *www.ncqa.org/dprp*

Para encontrar un programa de educación sobre la diabetes en tu área que sea reconocido por la ADA: Llama al 1-800-342-2383 o visita *www.diabetes.org/for-health-professionals-and-scientists/recognition/edrecognition.jsp*

Para unirse a la lucha para aumentar el financiamiento para la investigación sobre la diabetes, terminar la discriminación y mejorar la cobertura de seguros médicos: Llama al 1-800-342-2383 o visita *www.diabetes.org/advocacy-and-legal-resources/advocacy.jsp*

Para saber cómo puedes involucrarte en los programas de tu comunidad: Llama al 1-800-342-2383. Ver abajo las direcciones de los sitios web de los programas.

- *American Diabetes Month:* actividades educativas dirigidas a aquellos diagnosticados con diabetes (se celebra en el mes de noviembre). *www.diabetes.org/communityprograms-and-localevents/americandiabetesmonth.jsp*

- *American Diabetes Alert:* campaña anual para aumentar el conocimiento del público y encontrar las personas con diabetes que no han sido diagnosticadas (se celebra el cuarto martes de marzo). *www.diabetes.org/communityprograms-andlocalevents/americandiabetesalert.jsp*

- *American Diabetes Assciation Latino Initiative:* programa para aumentar el conocimiento sobre la diabetes dirigido a la comunidad latina. *www.diabetes.org/communityprograms-and-localevents/latinos.jspwww.diabetes.org/DAR*

- *African American Program:* programa para aumentar el conocimiento sobre la diabetes dirigido a la comunidad afroamericana. *www.diabetes.org/communityprograms-and-localevents/africanamericans.jsp*

- *Awakening the Spirit: Pathways to Diabetes Prevention & Control:* programa para aumentar el conocimiento sobre la diabetes dirigido a la comunidad nativa americana. *www.diabetes.org/communityprogramsand-localevents/nativeamericans.jsp*

Para enterarte de un proyecto de investigación importante sobre la diabetes tipo 2: *www.diabetes.org/diabetes-research/research-home.jsp*

Para obtener información sobre las donaciones planeadas y legados caritativos: Llama al 1-888-700-7029 o visita *www.wpg.cc/stl/CDA/homepage/1,1006,509,00.html*

Para hacer una donación o contribución conmemorativa: Llama al 1-800-342-2383 o visita *www.diabetes.org/support-the-cause/make-a-donation.jsp*